目　次　　Contents

1 政治と法の意義と機能 / 法の支配と立憲主義

1 政治の意味 / 政治と国家

(1)「人間は社会的動物である」(❶_____のことば)

　……人間は社会集団の中で生きていく存在であり，共同体の一員として活動

　　することで，より善く生きることができる

(2)❷_____……集団や社会の秩序を維持するために，意見や利害の衝突を

　調整し，紛争の解決を図ること

(3)❸_____……政治的な決定を人々に守らせるための強制力

　・国家は❹____によって領域内の人々や集団が暴力を行使することを禁止

2 政治権力の正統性

(1)❺_____説……国王の権力は神から与えられたもので，神聖不

　可侵であるという考え方(17世紀頃)

(2)❻_____……人間が生まれながらにもっている自然法上の権利(天

　賦人権)

(3)❼_____説……自然状態において，人々は自分たちの生存や権

　利を守るために自発的に❼_____を結ぶ

　──▶国家の政治権力の正統性を個人の意思に求める考え方

(4)❽_____(英)　主著：『❾_____』

　・人間は自由・平等で独立した存在

　　　──▶自然状態では「万人の万人に対する❿_____」状態

　　　──▶自己を守るために契約を結び，国家に⓫_____を譲渡

3 法の意義

(1)⓬_____……社会生活における人間の行動を規律するルール

　①⓭_____……人間による外面的行為を対象とし，法的強制力を有する。違

　　反した場合には⓮_____などの制裁が科せられる

　②⓯_____……人間の内面を対象とする。背いた場合には良心の呵責を

　　感じたり，社会的に非難されたりするが，法的な制裁は科せられない

(2)法の種類

・⓰_____……人間の理性に基づく普遍的な法

・⓱_____……現実の社会で人為的に定められた法

・⓲_____……成文化されていない法

・⓳_____……人々によって繰り返されてきた慣習が法的な強制力をもつようになったもの

・⓴_____……国家や地方公共団体と国民との関係を定める法

・㉑_____……私人間の関係を対象とする法

サポート

社会契約説の代表的な思想家として，❽のほかにイギリスのロック，フランスのルソーなどがあげられる。

サポート

ドイツの社会学者マックス＝ウェーバーは，支配の正当性(正統性)を①伝統的支配，②カリスマ的支配，③合法的支配の3つに分類した。

考察

公法・社会法・私法には，教科書 p.9 資料❻のほかにどのようなものがあるのだろうか，具体的な法律をいくつか調べてみよう。

④ 法の機能

■法の機能

①個人や集団，国家などの間における権利と❷ _____ の関係を定める

②人々の行動を規制し，社会の❷ _____ を維持する機能

③❷ _____ において紛争を解決する基準となる機能

📁FILE 法と私たちの生活

①私法の基本原則

・❷ _____ の原則……個人は私的な活動を自由におこなうことができる

・❷ _____ の原則……契約の締結やその内容については，個人の自由な意思に基づいて決定される

・**権利能力平等の原則**……個人は平等に権利をもつ資格があり，その一方で義務を負わなければならない

・❷ _____ 絶対の原則……個人は，自分の所有物を自由に使用したり処分したりする権利をもつ

・❷ _____ の原則……他人に損害を与えた場合，わざと(故意)，または不注意(❷ _____)でなければ，責任を負わなくてよい

②原則の修正……公共の福祉との関連で，一定の制約や修正が加えられることがある

例：❸ _____ に反する行為は無効(民法第90条)

③契約の効果

たとえば，自動車の売買契約において契約が成立すると……

○買主：自動車を受け取るという❸ _____ をもち，代金を払うという❷ _____ を負う

○売主：自動車を引き渡すという❸ _____ を負い，代金を請求するという❸ _____ をもつ

──→契約が守られず**債務不履行**に陥った場合は，裁判などで解決

⑤ 法の支配

(1)❸ _____ ……政治権力を法の下に従属させ，権力者も国民も法の下に平等で，権力は法に基づいてのみ行使されるという考え方

⟺ 人の支配……権力者がすべてを支配する

(2)❸ _____ の発達……イギリスで発達

①❸ _____ (大憲章)……1215年成立。封建貴族による王権の制限

②❸ _____ ……13世紀頃に確立。慣習法を基礎につくられた判例法で，現在でもイギリスの不文憲法において重要な役割をもつ

③17世紀：裁判官**エドワード＝コーク**と国王ジェームズ1世の論争

「王は何人の下にも立つことはない。しかし，神と❸ _____ の下には立たなければならない」

……13世紀の法学者❸ _____ のことば

サポート

❷以外に紛争を解決する方法として，当事者間の話しあいによる和解や，民間団体などによる裁判外紛争解決手続(ADR)がある。

サポート

❸とは，公共の秩序，善良の風俗のこと。

考察

法の支配における「法」とは，どのような内容のものでなければならないのだろうか。

3

(3)法の支配の発達と人権保障の歩み

年	事項
1215	㊱ _____（大憲章）（英）
1628	権利請願（英）……議会による王の課税権の制限
1689	㊵ _____（英）……議会の王権に対する優位が確立
1776	㊶ _____ 権利章典（米） ……世界ではじめて自然権を成文化 ㊷ _____ 宣言（米） ……生命・自由・幸福追求を天賦の人権として保障
1789	㊸ _____ 宣言（仏） ……自由・所有権・安全および圧制への抵抗を自然権として保障
1863	リンカーンによる奴隷解放宣言（米）
1919	㊹ _____ 憲法（独） ……世界ではじめて社会権を広範に保障した憲法
1945	国際連合成立
1948	㊺ _____ 採択（国連）……法的拘束力なし
1966	㊻ _____ 採択（国連）……法的拘束力あり

6 立憲主義

(1)㊼ _____……憲法によって国家権力を制限し，国民の権利を擁護するという考え方

(2)㊼ _____ を保障する制度

①明文化された憲法典の存在＝㊽ _____（日本など多くの国）

⟺不文憲法（イギリスなど）

②憲法の最高法規性

③少数者の権利保護も目的とする

(3)民主主義国家における㊾ _____

……立法権・行政権・司法権について，権力相互の㊿ _____ が図られる

(4)51 _____ 主義……19世紀のドイツで発達した考え方で，法の内容よりも形式を重視

⟶独裁体制の下では，「法律で定めさえすれば人権侵害も可能」という結論にもつながりかねない

7 現代における法の支配の揺らぎ

・52 ____ の支配……人権侵害を予防し，市民が経済活動の利益を享受するために必要な良い統治の要素

※52 ____ の支配に見せかけた51 _____ 主義や，53 _____ の支配による統治がおこなわれている国もある

4

1 次の記述を読み，正しければ〇を，誤っていれば×を記入せよ。

①アリストテレスの「人間は社会的動物である」ということばには，人間は社会集団の中で生きていく
存在であるという意味が込められている。 （　　）

②国王の権力は神から与えられたもので，神聖不可侵であるという考え方のことを自然権思想という。
（　　）

③17世紀のイギリスでは，エドワード＝コークによって，王であっても法による制約を受けるという
「人の支配」が確立された。 （　　）

④憲法によって国家権力を制限し，国民の権利を擁護するという考え方を法治主義という。 （　　）

2 図は，お金の貸し借りにおける権利と義務の関係を示したものである。

(1)A～Dには「権利」「義務」のいずれかの語句が入る。
当てはまる語句を答えよ。

A（　　　　　）　　B（　　　　　）

C（　　　　　）　　D（　　　　　）

(2)図のやりとりの中でトラブルが発生した場合には，
どのような手段で解決することが考えられるだろう
か。

（　　　　　　　　　　　　　　　　　　　）

チャレンジ

1 人権宣言の条文A～Cとその名称の組みあわせとして正しいものを，次の①～⑨のうちから選べ。

A 経済生活の秩序は，すべての者に人間たるに値する生活を保障する目的をもつ正義の原則に適合
しなければならない。

B 権利の保障が確保されず，権力の分立が規定されないすべての社会は，憲法をもつものでない。

C すべて人は生来ひとしく自由かつ独立しており，一定の生来の権利を有するものである。

①A マグナ・カルタ(大憲章) 　B バージニア権利章典 　C アメリカ独立宣言

②A マグナ・カルタ(大憲章) 　B フランス人権宣言 　C バージニア権利章典

③A マグナ・カルタ(大憲章) 　B アメリカ独立宣言 　C フランス人権宣言

④A ワイマール憲法 　B バージニア権利章典 　C アメリカ独立宣言

⑤A ワイマール憲法 　B フランス人権宣言 　C バージニア権利章典

⑥A ワイマール憲法 　B アメリカ独立宣言 　C フランス人権宣言

⑦A 世界人権宣言 　B バージニア権利章典 　C アメリカ独立宣言

⑧A 世界人権宣言 　B フランス人権宣言 　C バージニア権利章典

⑨A 世界人権宣言 　B アメリカ独立宣言 　C フランス人権宣言 （　　）

2 ホッブズの思想に関する記述として正しいものを，次の①～④のうちから一つ選べ。

①権力をもつ者はそれを濫用するので，立法権・執行権・司法権を異なる機関に委ねるべきと説いた。

②人々は政府に自然権の一部を信託し，政府の権力濫用に対して抵抗権をもつと説いた。

③国家の存在しない状態では戦争状態に陥るため，契約により自然権を国家に譲渡すると説いた。

④主権は，人民全体の利益を追求する一般意思に基づく作用であるとした。 （　　）

2 基本的人権の保障と日本国憲法①
［日本国憲法の原理］

よみとき
日本国憲法によって新しく規定された内容には，どのようなものがあるのだろうか。教科書 p.13 資料**1**から，大日本帝国憲法と日本国憲法を比較して考えてみよう。

考察
基本的人権が憲法で保障されることが，個人の尊重に必要なのは，なぜなのだろうか。

サポート
⑳憲法に対して，憲法改正と法律の制定が同じような手続きでなされる憲法を，**軟性憲法**という。

1 日本国憲法の成立

(1)① _____（明治憲法）……1889年発布

特質：天皇が国民に授ける② _____ 憲法

主権：③ _____ 主権

軍隊：天皇が陸海軍の④ _____ 権を有する

人権：⑤ _____ の権利は，法律の範囲内でのみ認められる

＝⑥ _____

国会：天皇の⑦ _____ 機関

内閣：規定なし，国務各大臣が天皇を⑧ _____

(2)日本国憲法の成立

・⑨ _____ 宣言の受諾(1945年8月)

──→政府の憲法改正案……明治憲法の部分的な改正にとどまる

──→ＧＨＱによる⑩ _____ 草案の提示(①**③**

_____ は国の元首，②⑪ _____ の放棄，③封建制度の廃止)

──→衆議院議員総選挙，帝国議会による追加・修正

──→日本国憲法の成立……1946年11月3日公布，翌年5月3日施行

(3)日本国憲法の性質

特質：国民がみずから制定した⑫ _____ 憲法

三大基本原理：⑬ _____ 主権，⑭ _____ の尊重，

⑮ _____ 主義

2 個人の尊重

(1)個人の尊重

・「すべて国民は，個人として尊重される」(第13条)──→憲法によって国家権力を制限し，国民の権利を擁護するという⑯ _____ 主義の基礎

(2)⑰ _____ 権

・「生命，自由及び⑰ _____ に対する国民の権利については，公共の福祉に反しない限り，立法その他の国政の上で，最大の尊重を必要とする」(第13条)

3 憲法の最高法規性と憲法改正手続き

(1)憲法の⑱ _____ 性

・「この憲法は，国の⑱ _____ であつて，その条規に反する法律，命令，詔勅及び国務に関するその他の行為の全部又は一部は，その効力を有しない」(第98条1項)

・裁判所の⑲ _____ 権(第81条)，天皇・国務大臣・国会議員・裁判官・その他の公務員の憲法尊重擁護義務(第99条)

(2)憲法改正手続き……日本国憲法は改正手続きが厳格な⑳ _____ 憲法

・各議院の総議員の㉑ _____ 以上の賛成により国会が発議──→満㉒ _____ 歳以上の国民による㉓ _____ で投票総数(無効票を含まず)の過半数の賛成──→改正

ステップアップ

1　次の記述を読み，正しければ〇を，誤っていれば×を記入せよ。

①日本国憲法の三大基本原理は国民主権，基本的人権の尊重，平和主義であり，三大義務は勤労，納税，子女に普通教育を受けさせる義務である。　　　　　　　　　　　　　（　　　）

②日本国憲法第13条には，個人の尊重が規定されており，同時に生命・自由の権利と並んで幸福追求権も規定されている。　　　　　　　　　　　　　　　　　　　　　　　　　　（　　　）

③日本国憲法では，公務員の憲法尊重擁護義務は特に規定されていない。　　　　　　（　　　）

④憲法改正の国民投票に関する具体的な手順については，憲法で定められている。　　（　　　）

⑤日本国憲法は，憲法改正手続きが法律の制定や改廃の手続きよりも厳格な硬性憲法である。（　　　）

2　図は，日本国憲法の改正手続きについて示したものである。A～Dにあてはまる語句を，次のア～クから選んで記号で答えよ。

A（　　　）　　　B（　　　）
C（　　　）　　　D（　　　）

ア．過半数　　　　　　イ．3分の2以上
ウ．3分の1以上　　　エ．国民審査
オ．国民投票　　　　　カ．天皇
キ．国民　　　　　　　ク．首相

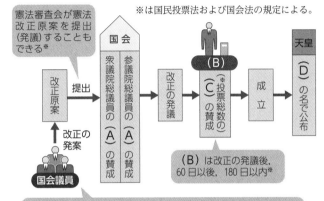

チャレンジ

1　終戦から日本国憲法の制定までの過程を説明した記述として正しいものを，次の①～④のうちから一つ選べ。

①1945年8月に日本はポツダム宣言を受諾したが，その内容は日本に降伏を勧告するにとどまり，それ以外の要求は盛り込まれていなかった。

②日本政府が独自の憲法改正案を作成するよりも先に，GHQが草案を提示してきたため，政府はそれをもとに政府案を作成した。

③初めて女性が参加した衆議院議員総選挙のあとにおこなわれた帝国議会において，憲法改正案が審議された。

④帝国議会における審議では，改正案に対して修正が加えられることはなく，改正案のまま明治憲法の改正という形で可決された。　　　　　　　　　　　　　　　　　　　　　　　（　　　）

2　大日本帝国憲法と日本国憲法に関する記述について誤っているものを，次の①～④のうちからすべて選べ。

①大日本帝国憲法は欽定憲法であり，日本国憲法は民定憲法である。

②大日本帝国憲法においては，天皇は主権者とされていたが，日本国憲法においては，天皇は統治権の総攬者とされている。

③大日本帝国憲法では帝国議会は天皇の協賛機関にすぎないが，日本国憲法では国会は国権の最高機関であり唯一の立法機関である。

④大日本帝国憲法では司法権の独立が規定されているが，日本国憲法では天皇の名において裁判がおこなわれると規定されている。　　　　　　　　　　　　　　　　　　　（　　　　　）

3 基本的人権の保障と日本国憲法②
［自由権と平等権］

1 自由権確立の背景

(1)❶＿＿＿＿＿＿＿＿＿（自由権的基本権）……人間が生まれながらにもつ権利，国家からの不当な干渉や侵害を排除する権利＝国家からの自由

(2)❷＿＿＿＿＿＿＿（英）　主著：『❸＿＿＿＿＿＿＿＿＿＿＿（統治二論）』
・自由・生命・財産の自然権を守るために社会契約により政府を組織
・政府は人民の❹＿＿＿＿＿＿＿により成立。政府が自然権を侵害した場合には
❺＿＿＿＿＿＿＿（革命権）を行使して新たな政府を組織

2 自由権と民主政治

(1)人権宣言による自由の保障

①❻＿＿＿＿＿＿＿権利章典（米，1776年）……自然権をはじめて明記した，世界の人権宣言の先駆

②❼＿＿＿＿＿＿＿＿＿＿宣言（米，1776年）……生命・自由・幸福追求を，天賦の人権として保障

③❽＿＿＿＿＿＿＿＿＿＿宣言（仏，1789年）……自由・所有権・安全および圧制への抵抗を自然権として保障

(2)権力分立
・❾＿＿＿＿＿＿＿＿＿＿（仏）　主著：『法の精神』
……立法権・行政権・司法権の❿＿＿＿＿＿＿＿＿を提唱

3 日本国憲法における自由権の保障

(1)精神的自由

①⓫＿＿＿＿＿・良心の自由（第19条）

　判例：三菱樹脂訴訟……私人間の人権保障について，民法の規定を通じて人権を救済すべきという，⓬＿＿＿＿＿＿＿説を採用

②⓭＿＿＿＿＿の自由（第20条）と⓮＿＿＿＿＿＿＿＿の原則（第20条3項）
・国家が特定の宗教団体に特権を与えることや，公金を支出することを禁止（第20条1項，第89条）

　判例：愛媛⓯＿＿＿＿＿＿訴訟……県の靖国神社への公金支出について，最高裁は違憲と判断（目的効果基準を適用）

　判例：北海道砂川⓮＿＿＿＿＿＿訴訟……市が神社施設のために市有地を無償で貸していたことについて，最高裁は違憲と判断（目的効果基準を用いずに判断）

③⓰＿＿＿＿＿の自由（第23条）

　判例：ポポロ事件……大学の自治の範囲をめぐって争われた

④⓱＿＿＿＿＿の自由（第21条）……集会・結社・⓲＿＿＿＿＿＿・出版などの自由
──→出版物などの表現内容について，公権力が公表前に審査し，不適当と判断したものを公表禁止にする⓳＿＿＿＿＿を禁止（第21条2項）

(2)⓴＿＿＿＿＿の自由
①奴隷的拘束及び㉑＿＿＿＿＿からの自由（第18条）

- **㉒**＿＿＿＿＿＿＿＿の保障(第31条)……刑事手続きは正当な法の定める手続きをふまなければならない
- **㉓**＿＿＿＿＿＿＿主義……ある行為を犯罪として処罰するには，その行為や刑罰が，法律で明確に規定されていなければならない

②捜査や裁判における自由権の保障
- **㉔**＿＿＿＿＿主義(第33条，第35条)……現行犯以外の逮捕，住居侵入，捜索・押収には，原則として裁判官による**㉔**＿＿＿＿＿を必要とする
- **㉕**＿＿＿＿＿＿＿の原則……有罪が確定するまで，被告人は無罪と推定される
- そのほか……公平・迅速な公開の裁判を受ける権利，弁護人依頼権，黙秘権など

③刑罰における自由権の保障
- **㉖**＿＿＿＿＿＿＿の禁止(第39条)……ある時に適法であった行為を，事後に制定された法律で処罰してはならない
- **㉗**＿＿＿＿＿＿＿＿＿の原則(第39条)……一度判決が確定した事件について，再び刑事上の責任を問題にすることはできない

④刑事手続きの改革
- **㉘**＿＿＿＿＿＿＿制度……捜査に協力すれば刑罰を軽減する制度
- 取り調べの**㉙**＿＿＿＿＿＿……裁判員裁判の対象事件などで取り調べの過程を録画・録音➡冤罪の防止をめざす

(3)**㉚**＿＿＿＿＿自由……公共の福祉の観点から，一定の制約が課される
①居住・移転及び**㉛**＿＿＿＿＿＿＿の自由(第22条1項)
> **判例**：**㉜**＿＿＿＿＿＿訴訟……薬局の開設に距離制限を設ける規定について，最高裁は違憲と判断

②海外移住及び国籍離脱の自由(第22条2項)
③**㉝**＿＿＿＿＿の保障(第29条)……社会全体の利益のために特別の犠牲を被った者に対して金銭で補償する**㉞**＿＿＿＿＿＿＿についても規定
> **判例**：森林法共有林分割制限規定訴訟……森林法の共有林の分割請求権を制限する規定について，最高裁は違憲と判断

4 法の下の平等

(1)法の下の平等……「すべて国民は，法の下に**㉟**＿＿＿＿＿＿であつて，人種，信条，**㊱**＿＿＿＿，社会的身分又は門地により，政治的，経済的又は社会的関係において，差別されない」(第14条1項)
- さらに，貴族制度の廃止(第14条2項)，家族生活における個人の尊厳と両性の本質的**㉟**＿＿＿＿＿(第24条)，選挙権の**㉟**＿＿＿＿＿(第15条3項，第44条)，教育の機会均等(第26条1項)なども規定

(2)不合理な差別の撤廃に向けて
①**㊲**＿＿＿＿＿＿＿＿の問題(同和問題)……職業選択の自由，教育を受ける権利，居住及び移転の自由，婚姻の自由などの侵害
- **㊲**＿＿＿＿＿解消推進法(2016年制定)

②在日韓国・朝鮮人に対する差別
- **㊳**＿＿＿＿＿＿＿＿解消法(2016年制定)……特定の民族

考察
憲法で保障されている人身の自由が，被疑者や被告人以外のすべての人々に大切な権利であるのは，なぜなのだろうか。

サポート
無実であるのに犯罪者として扱われてしまうことを冤罪という。死刑判決後に再審で無罪になった冤罪の事例として，免田事件・財田川事件・松山事件・島田事件がある。

サポート
1922年に発表された水平社宣言は，被差別部落の人々による人権宣言として名高い。

9

考察
合理的配慮とは，どのようなことだろうか。障害者や高齢者，妊婦，けがを負った人に対する具体的な対応を考えてみよう。

サポート
㊸とは，事実婚など法律上の婚姻をしていない男女から生まれた子どものことで，非嫡出子ともいう。

考察
差別をなくし，すべての人が個人として尊重される社会をつくるために，私たちはどのような行動をとるべきだろうか。

や集団への差別的言動の解消をめざす

③アイヌ民族に対する差別

・アイヌ文化振興法(1997年制定)⟶アイヌを先住民族と明記した㊴＿＿＿＿法(2019年制定)

④障害者に対する差別

・㊵＿＿＿＿法(1970年制定)……障害者の自立や社会参加への支援など

・**障害者権利条約**(2006年採択，日本は2014年批准)……障害者の人権の確保と障害者の固有の尊厳を尊重

・㊶＿＿＿＿法(2013年制定)……障害者に対する不当な取り扱いの禁止，国や企業などに合理的配慮を求める

(3)家庭生活と平等

判例：㊷＿＿＿＿違憲判決……尊属を殺した者を著しく重く処罰する刑法の規定について，最高裁は**違憲**と判断

判例：㊸＿＿＿＿法定相続分差別違憲判決……㊸＿＿＿＿の法定相続分を婚内子の２分の１とする民法の規定について，最高裁は**違憲**と判断

判例：㊹＿＿＿＿禁止期間規定違憲判決……女性のみ，離婚した日から６か月間㊹＿＿＿＿できないとする民法の規定について，最高裁は100日をこえる部分は法の下の平等に反するとして**違憲**と判断

・㊺＿＿＿＿法(2001年制定)……配偶者や同居する交際相手による暴力から被害者を保護

(4)多様性を認めあう社会に向けて

①女性に対する差別の解消をめざす取り組み

・㊻＿＿＿＿条約(1979年採択，日本は1985年批准)……女性に対するあらゆる差別の撤廃に必要な措置を締約国に義務づけ

・㊼＿＿＿＿均等法(1985年制定)……採用，昇進，退職などのあらゆる雇用管理について，男女の差別を禁止

・㊽＿＿＿＿基本法(1999年制定)……男女が対等なパートナーとして社会に参画することをめざす

⟶㊾＿＿＿＿・アクション(積極的改善措置)……実質的な平等を図るための制度。女性やマイノリティに対して，企業が一定の採用枠や昇進枠を割り当てる**クオータ制**など

・夫婦が別の姓を名乗る㊿＿＿＿＿に関する議論も活発化

②そのほかの差別に対する取り組み

・ＬＧＢＴともいわれる人々に対する性的指向や性自認((51)＿＿＿＿)をめぐる偏見や差別

⟶(52)＿＿＿＿特例法(2003年制定)……性別違和(性別不合)の人の性別変更を認める

ＬＧＢＴ理解増進法(2023年制定)……性の多様性への理解拡大を目的とする

・外国人，疾病や感染症に対する不合理な差別や偏見も問題

1 次の記述を読み，正しければ○を，誤っていれば×を記入せよ。

①ロックは，政府が自然権を侵害した場合には，人々が抵抗権を行使し，新しい政府をつくることが

できると説いた。 （　　　）

②モンテスキューは『市民政府二論』の中で，権力を議会と国王に二分すべきだと説いた。 （　　　）

③憲法によれば，逮捕をする場合には現行犯の場合も含めて，必ず警察の発行する令状がなければな

らない。 （　　　）

④形式的平等を保障するための制度のことを，ポジティブ・アクションという。 （　　　）

2 下のA・Bの人権宣言について答えよ。

A：第1条　人は，自由かつ権利において（　①　）なものとして出生し，かつ生存する。…
第2条　あらゆる政治的団結の目的は，人の消滅することのない自然権を保全することである。これ
らの権利は，自由・（　②　）権・安全および圧制への抵抗である。
第16条　権利の保障が確保されず，権力の分立が規定されないすべての社会は，（　③　）をもつもの
でない。

B：……すべての人は（　①　）に造られ，造物主によって，一定の奪いがたい（　④　）の権利を付与され，
そのなかに（　⑤　），自由および幸福の追求の含まれることを信ずる。また，これらの権利を確保す
るために人類のあいだに（　⑥　）が組織されたこと，そしてその正当な権力は被治者の同意に由来す
るものであることを信ずる。

(1)文中の空欄（　①　）～（　⑥　）に適する語を次のア～カから選んで記号で答えよ。

　ア．生命　　イ．憲法　　ウ．所有　　エ．天賦　　オ．政府　　カ．平等

①（　　　）　②（　　　）　③（　　　）　④（　　　）　⑤（　　　）　⑥（　　　）

(2)A・Bはそれぞれ，何という人権宣言の条文か答えよ。

A（　　　　　　　　　　　　　）　　B（　　　　　　　　　　　　　　　）

チャレンジ

1 日本国憲法の自由権の規定に関する記述について正しいものを，次の①～④のうちから一つ選べ。

①憲法には信教の自由とともに政教分離の原則が明記されており，津地鎮祭訴訟では，地鎮祭が宗教
的活動に該当するとして最高裁で違憲判決が下された。

②憲法には表現の自由を保障するために検閲の禁止が明記されており，その規定に基づいて，三菱樹
脂訴訟における企業の行為を，最高裁は憲法違反と判断した。

③人身の自由を保障するために，一度判決が確定した事件については再び刑事上の責任を問うことが
できないという，遡及処罰の禁止の原則が定められている。

④薬事法訴訟では，職業選択の自由に対する制限が合理性を欠くという理由で，最高裁で違憲判決が
下された。 （　　　　　　）

2 法の下の平等に関する記述について正しいものを，次の①～④のうちからすべて選べ。

①アイヌ施策推進法において，法律上はじめてアイヌが先住民族と明記された。

②2013年に障害者差別解消法が制定されるまで，日本には障害者の権利にかかわる法律は存在してい
なかった。

③刑法の尊属殺人重罰規定は，最高裁によって憲法違反と判断された。

④最高裁は，婚外子の法定相続分を婚内子の半分とする民法の規定について，法の下の平等には反し
ないと判断した。 （　　　　　　）

4 基本的人権の保障と日本国憲法③
［基本的人権を確保するための権利と社会権］

サポート
❹は社会共通の幸福を求める人民の意思であり，自己の幸福のみを願う特殊意思とは異なる。

サポート
産業革命後のイギリスで起きたチャーチスト運動などをきっかけに，選挙権が拡大していった。

サポート
在外選挙制度が創設された1998年当時は，国政選挙の比例代表のみに選挙権が限定されていた。

考察
基本的人権を確保するために，参政権や国務請求権が保障されていることが必要なのは，なぜなのだろうか。

1 参政権

(1)❶ ＿＿＿＿＿……国家の意思決定に参加する権利＝国家への自由

(2)❷ ＿＿＿＿（仏）　主著：『❸ ＿＿＿＿』

・個人はすべての自然権を市民社会に譲渡する代わりに政治に参加できる

・人民の❹ ＿＿＿＿に基づいて政治がおこなわれるべき

　——集会や投票による❺ ＿＿＿＿制を主張＝人民主権論

(3)現在の国民の政治参加

・❻ ＿＿＿＿主義……普通選挙制の下で，すべての国民が政治に参加

・❼ ＿＿＿＿主義……議会が多様な国民の意見や利益を受け止め，審議によって全国民の意思を形成

　——国民の代表者を選ぶ**選挙権**が重要

　——日本では❽ ＿＿＿＿法で選挙の具体的なしくみを定める

判例：❾ ＿＿＿＿選挙権訴訟……国外で暮らす日本人の選挙権が制限されていたことについて，最高裁は**違憲**と判断

　——現在では，国政選挙は比例でも選挙区でも投票可能に。最高裁判所裁判官の国民審査の制限についても，2022年に最高裁が違憲と判断

(4)憲法で定められる直接民主制の制度

・一つの地方公共団体のみに適用される**特別法の**❿ ＿＿＿（第95条）

・憲法改正の⓫ ＿＿＿＿（第96条1項）

・最高裁判所裁判官の⓬ ＿＿＿＿（第79条）……衆議院議員総選挙の際に実施。これまでに罷免された裁判官はいない

FILE　外国人の人権

①外国人……**出入国管理及び難民認定法（入管法）**によると「日本の国籍を有しない者」。肌の色や出生地によって判断されるものではない

・日本は⓭ ＿＿＿＿主義を採用⟺海外では生地主義の国も

②外国人の権利……基本的に労働基準法や社会保険は適用されるが，一部の権利については**国籍条項**により制限を受ける

・参政権：国政も地方も認められないが，地方レベルでは定住外国人に❿ ＿＿＿＿を認めた例も。最高裁は，立法によって外国人に地方参政権を付与することは可能と判断

・複数の文化を認めあい，共存する⓮ ＿＿＿＿が大切

2 国務請求権

■⓯ ＿＿＿＿権……すべての人がもつ，権利が侵害されたときに救済を求めるための権利

①⓰ ＿＿＿権（第16条）……損害の救済や法律の制定・改廃などに関して国や地方公共団体に対して平穏に請願する権利

②⑰_____請求権(第17条)……公務員の不法行為によって損害
を受けたときに，国や地方公共団体に対して賠償を求める権利

③裁判を受ける権利(第32条)

④⑱_____請求権(第40条)……刑事裁判で抑留・拘禁された者
が無罪の判決を受けたときに国に補償を求める権利

③ 社会権

(1)⑲_____(社会権的基本権)……経済的・社会的弱者に対して国家が
人間たるに値する生活を保障するもの＝国家による自由

18〜19世紀：⑳_____国家(小さな政府)……自由放任主義を背景に，国
家の役割を警察，司法，外交，軍事などに限定

　↓　資本主義の発展により，貧困や失業などの社会問題が発生

20世紀〜：㉑_____国家(大きな政府)……格差の是正，社会保障の充実，
景気対策などの幅広い分野に国家が介入

・㉒_____憲法(独，1919年)……世界ではじめて⑲
_____を広範に規定した憲法

「経済生活の秩序は，すべての者に㉓_____たるに値する生活を保障
する目的をもつ正義の原則に適合しなければならない」

(2)生存権

・「すべて国民は，健康で文化的な㉔_____の生活を営む権利
を有する」(第25条1項)

・「国は，すべての生活部面について，社会福祉，㉕_____及
び公衆衛生の向上及び増進に努めなければならない」(第25条2項)

判例：㉖_____訴訟……生活保護費が㉔_____の生活を維
持するのに必要な額に達していないとして国を訴えた

　──最高裁は，㉗_____説に基づいて，憲法第
　　25条の規定は，国民の具体的な権利を規定したものではないと判断

判例：㉘_____訴訟……児童扶養手当と公的年金との併給禁止の規定が
憲法に違反するかどうかが争われた

　──最高裁は，「健康で文化的な㉔_____の生活」の具体的内
　　容については立法府の広い裁量に委ねられると判断

(3)教育を受ける権利

・「その能力に応じて，ひとしく教育を受ける権利」(第26条1項)

・㉙_____は無償(第26条2項)

・㉚_____法(1947年制定)……教育の目的，教育の機会均等に
ついて規定

(4)労働基本権……労働者の生存権を保障するための権利。㉛_____
_____と労働三権からなる

①㉛_____(第27条1項)……すべての国民に認められる働
く権利。勤労の義務についても規定されている

②労働三権(第28条)……団結権，㉜_____権，㉝_____
_____権(争議権)

・公務員は職務の性格上，労働三権に一定の制限を受ける

1 次の記述を読み，正しければ○を，誤っていれば×を記入せよ。

①フランスのルソーは，個人の集合体である人民の全体意思に基づいて政治がおこなわれるべきだと主張し，直接民主制を説いた。 （　　）

②憲法では公務員を選定・罷免する権利を認めており，規定された条件を満たせば，国民が国家公務員や地方公務員を辞めさせることができる。 （　　）

③議員定数や選挙制度など，選挙の具体的なしくみについてはすべて憲法で規定されている。（　　）

④憲法では，「国は，すべての生活部面について，社会福祉，社会保障及び公衆衛生の向上及び増進に努めなければならない」と規定しており，それを受けて生活保護法や国民健康保険法などが定められている。 （　　）

⑤憲法で定められた教育を受ける権利に基づいて，教育の目的や教育の機会均等を定めた法律が教育基本法である。 （　　）

⑥最高裁は，定住外国人に国政選挙および地方選挙の選挙権を与えることは，憲法で禁止されており，一切認められないと判断している。 （　　）

2 表は，公務員の労働三権の付与状況について示したものである。①～⑦について，それぞれの権利が認められる場合は○を，認められない場合は×を記入せよ。

※△は労働協約の締結権なし

区分	団結権	団体交渉権	団体行動権
一般職の国家公務員	（①　　）	△	（②　　）
現業の公務員・行政執行法人職員	○	○	×
一般職の地方公務員	（③　　）	△	（④　　）
地方公営団体の職員（水道など）	○	○	×
警察官・消防職員・自衛隊員	（⑤　　）	（⑥　　）	（⑦　　）

1 基本的人権に関する記述について誤っているものを，次の①～④のうちから一つ選べ。

①参政権は国民として国家の意思決定に参加する権利であり，「国家への自由」ともいわれる。

②日本国憲法では，直接民主制の制度として，一つの地方公共団体のみに適用される特別法の住民投票や憲法改正の国民投票の権利を規定している。

③日本国憲法には，すべての人間は国や地方公共団体に対して平穏に請願する権利を有し，また，それによって差別的な待遇を受けないことが明記されている。

④日本国憲法では，刑事裁判で抑留・拘禁された後に無罪となった場合に，国に補償を求める国家賠償請求権を保障している。 （　　）

2 社会権に関する記述について正しいものを，次の①～④のうちから一つ選べ。

①社会権は19世紀にドイツのワイマール憲法ではじめて憲法に規定されたため，「19世紀的人権」ともよばれる。

②堀木訴訟において，最高裁は，具体的権利説に従って当時の生活保護の水準を憲法違反であると判断した。

③教科書検定制度が教育を受ける権利を侵害しているとして争われた家永教科書訴訟において，最高裁はプログラム規定説に基づいて教科書検定制度は違憲であると判断した。

④勤労権および労働三権からなる労働基本権は，憲法や法律で保障されている国民の権利であるが，すべての公務員は労働三権のうち団体行動権が認められていない。 （　　）

5 現代社会における新しい人権 / 権利と義務との関係

① 新しい人権

■憲法制定当時には想定できなかった問題の発生──▶**新しい人権**が求められる

(1)❶_____……個人の人格にとって本質的な権利。**肖像権**など

・損害賠償請求や侵害の差し止め請求が可能

(2)❷_____……よりよい環境を享受する権利。幸福追求権(第13条)と

❸_____(第25条)を根拠とする

|判例|：**四大公害訴訟**……高度経済成長期に発生した産業公害に関する訴訟。
4件とも住民が勝訴

|判例|：大阪国際空港公害訴訟……最高裁は，❶_____の侵害を理由
に損害賠償を認めたが，❷_____を認めず

|判例|：水俣病認定義務づけ訴訟……熊本県が患者を水俣病と認定せず療養費
の給付を認めなかった事件について，最高裁は水俣病の認定を命じる

・環境基本法や環境影響評価(❹_____)法を
制定──▶環境汚染や環境破壊の防止をめざす

(3)❺_____権利……表現の自由(第21条)を根拠とする

|判例|：外務省公電漏えい事件

・民主主義において，国民が正しい判断を下すために必要
──▶マス・メディアの❻_____や取材の自由を保障

・❼_____法(1999年制定)……誰でも，国の行政機関が保有す
る行政文書の開示請求をできる＝❼_____制度

・❽_____法(2013年制定)……情報漏えいを防止する
ために，外交・防衛分野などの国家機密を「特定秘密」に指定

・❾_____(反論権)……マス・メディアに対して意見広告
や反論記事の掲載を求める権利。日本では認められず

(4)❿_____の権利……幸福追求権を根拠とする

|判例|：三島由紀夫の小説をめぐる『❶❶_____』事件……東京地裁
が❿_____の権利を認め，損害賠償を命じる

|判例|：柳美里の小説をめぐる『石に泳ぐ魚』事件……最高裁が損害賠償と出版
差し止めを認める

・当初は，私生活をみだりに公開されない権利──▶現在では，自分に関する
情報を自分で管理する自己情報❶❷_____権も含む

・❶❸_____法(2003年制定)……企業や行政機関に対し
て，個人情報の利用目的の制限や適正な取得・管理などを求める
└個人情報とは，特定の個人を識別できる情報すべてをさし，氏名・生年
月日・住所などに限らない

・❶❹_____法(1999年制定)……一定の組織犯罪について，捜査
機関が令状に基づいて通話内容などを傍受することを認める

・社会保障・税番号(❶❺_____)制度……国民一人ひと
りに12桁の番号をつけて所得や資産などの情報を把握するしくみ

サポート
肖像権とは，肖像を無断
で撮影されたり公表され
たりしない権利をいう。
ＳＮＳに写真を投稿する
際などには十分に注意す
る必要がある。

サポート
❹法は，環境に影響を与
えるおそれのある事業に
ついて，事業者が環境へ
の影響を予測・評価し，
その結果に基づいて事業
を中止・変更させるため
の手続きを定めている。

サポート
❼制度について，行政機
関の不開示決定が国家機
密を理由としたもので
あっても，裁判所はこれ
を審理して国家機密に該
当しないと判断すれば，
不開示決定の取り消しを
命じることができる。

(5)⑯_____……自分らしい生き方を自分で決める権利。幸福追求権を根拠とする

・⑰_____……患者に治療方法などを十分に説明した上で治療の合意をとるしくみ

判例：宗教上の理由による輸血拒否事件……輸血を拒否するという患者の意思決定は❶_____として尊重されるべきとして，医師に対して損害賠償を命じる

・尊厳死や安楽死に関する議論もある

・未成年者にも基本的人権は保障されるが，選挙権など一部制限を受けるものもある

FILE 情報社会と法

①知的財産権の保護◀━知的財産基本法（2002年制定）

・⑱_____権……新規性・進歩性のある発明が対象

・⑲_____権……文芸，美術，音楽，ソフトウェアなどを保護

②⑳_____……個人の発信した情報，購買記録，位置情報などの膨大なデータ━▶プライバシーを脅かす危険も

③「㉑_____権利」……犯罪歴のある人の前科など，不都合な情報をインターネット上から削除するよう求める権利

・ＥＵでは認められているが，日本では認められず

④現在の情報社会においては情報㉒_____の向上が必要

② 人類の努力の成果である人権

■基本的人権の確立

絶対主義への抵抗，労働運動，㉓_____など全体主義との闘い━▶人間が生まれながらにもつ権利として基本的人権が確立

③ 国民の義務と公共の福祉／さまざまな権利と義務との関係

(1)国民の義務

①保護する子女に普通㉔_____を受けさせる義務（第26条2項）

②勤労の義務（第27条1項）

③㉕_____の義務（第30条）

(2)㉖_____……すべての人々に平等に人権を保障する原理

・自分の権利を行使する際に，他人の権利を侵害してはいけない

　━▶他人の権利を保障するために必要な限度でのみ，人権の制限が可能

(3)㉗_____の基準……㉘_____自由と㉙_____自由の制限について，それぞれ異なる基準を設けるべきという考え方

・㉘_____自由：制約を課すことを厳しく制限

・㉙_____自由：緩やかに判断

判例：市民会館利用拒否事件と国家公務員法違反事件

(4)権利と義務との関係……誰と誰のどのような関係が問題になるかによってさまざま

・民法などの私法においては，義務と権利が一体の関係にある場合が多い

1　次の記述を読み，正しければ〇を，誤っていれば×を記入せよ。

①新しい人権は，憲法制定当初は想定されていなかった問題に対応するために主張された。（　　）

②平和的生存権は，具体的に主張できる権利として認められている。（　　）

③環境権は，幸福追求権と生存権を根拠に主張されている。（　　）

④四大公害訴訟は戦前に発生した産業公害に関する訴訟で，現在は解決済みである。（　　）

⑤環境権は，最高裁判所により認められた権利である。（　　）

⑥情報公開法には，知る権利が明記されているが，未成年者や外国人は情報公開の開示請求をすることができない。（　　）

⑦マス・メディアに対して意見広告や反論記事の掲載を求める権利をアクセス権という。（　　）

⑧現在では，プライバシーの権利は「私生活をみだりに公開されない権利」というだけでなく，「自己情報コントロール権」としての側面もある。（　　）

⑨自己決定権は，医療分野に関してのみ認められている権利である。（　　）

⑩日本国憲法に規定されている三大義務は，教育，兵役，納税の三つである。（　　）

2　右の図は，おもな知的財産権について示したものである。

(1)A〜Cに当てはまる語句を答えよ。

　A（　　　　　）　　　B（　　　　　）

　C（　　　　　）

(2)東京高等裁判所の特別支部として設置されている，知的財産権に関する訴訟を取り扱う裁判所を何というか。

　（　　　　　　　　　　　　　　　　）

（A）権
新規性・進歩性のある発明が(A)となる。権利の存続期間は，出願の日から20年。

実用新案権
物の形や構造，組み合わせを工夫した考案が実用新案となる。権利の存続期間は，出願の日から10年。

（B）権
商品やサービスについて使用するマークを(B)という。権利の存続期間は登録の日から10年で，更新することが可能。

意匠権
物の外観としてのデザインを意匠という。権利の存続期間は登録の日から20年。

（C）権
文芸，美術，音楽，ソフトウェアなどを保護する。権利の存続期間は原則として(C)者の生存期間およびその死後70年。

チャレンジ

1　新しい人権に関する記述について適当なものを，次の①〜④のうちから一つ選べ。

①大阪国際空港公害訴訟で，最高裁は住民の環境権を認め，夜間の離発着の差し止め請求を認めた。

②外務省公電漏えい事件では，人格権について争われた。

③『宴のあと』事件では，プライバシーの権利について争われ，裁判所はこの権利を認めた。

④自己決定権の一つとして，医療の現場では，手術や治療について十分な説明を受けて理解した上で治療に同意するという再生医療が普及している。（　　）

2　プライバシーや知る権利に関する記述について適当なものを，次の①〜④のうちから一つ選べ。

①『石に泳ぐ魚』事件の最高裁判決では，小説によるプライバシーの侵害は認められないとして，損害賠償も出版の差し止めも認められなかった。

②特定秘密保護法は，アクセス権の行使を推進するために制定された。

③国の情報公開制度において，国家機密を理由に不開示決定がなされた場合，その後の裁判所の審理によって国家機密に該当しないと判断されれば不開示決定の取り消しを命じることができる。

④情報公開法では，行政機関の保有するすべての文書が公開の対象となる。（　　）

6 議会制民主主義と世界の政治体制

サポート
❷は第16代アメリカ大統領であり，南北戦争のさなかの1863年に奴隷解放宣言を発表した。

① 民主政治の考え方

■民主政治……❶＿＿＿＿＿＿＿主権の原理により，国民の意思に従っておこなわれる

→❷＿＿＿＿＿＿＿のゲティスバーグ演説：「人民の，人民による，人民のための政治」……民主政治のあり方を端的にあらわす

① ❸＿＿＿＿＿＿制……国民が直接政治に参加。スイスの州民集会（ランツゲマインデ）など。大規模な国家では実現困難

② ❹＿＿＿＿＿制（代表民主制）……国民によって選ばれた議員を中心に政治をおこなう。議会制民主主義とも

・❹＿＿＿＿＿制の三つの原理

1)❺＿＿＿＿の原理……議会は全国民の利益を代表する

2)審議の原理……公開の議事で少数意見を尊重する審議をおこなう

3)❻＿＿＿＿の原理……議会が行政を監督する

② 日本国憲法と民主政治

(1)憲法にみられる議会制民主主義のしくみ

・日本は，立法権を❼＿＿＿＿，行政権を❽＿＿＿＿，司法権を裁判所がもつ三権分立制

・国会は「全国民を代表する❾＿＿＿＿＿された議員」からなる（第43条1項）

・「国会は，国権の❿＿＿＿＿」（第41条）

(2)⓫＿＿＿＿＿＿制（第1条）
……天皇は日本国の象徴であり，内閣の助言と承認に基づいて，⓬＿＿＿＿＿のみをおこなう

※天皇の⓬について，右図の⓭〜⓯に当てはまる語句を記入せよ。

⓭＿＿＿＿　　⓮＿＿＿＿　　⓯＿＿＿＿

よみとき
日本国憲法では，政治権力の抑制と均衡を図るために，どのようなしくみが採用されているのだろうか，教科書 p.33資料❹をもとに考えてみよう。

天皇の ⓬ （形式的・儀礼的）	
●日本国憲法 第6条	
● ⓭ の任命	
●最高裁判所長官の任命	
●日本国憲法 第7条	
● ⓮ 改正，法律，政令および条約の公布	●大赦，特赦，減刑，刑の執行免除，復権の認証
●国会の召集	●栄典の授与
● ⓯ の解散	●批准書などの認証
●総選挙の公示	●外国の大使および公使の接受
●国務大臣などの任免・全権委任状などの認証	●儀式の執行

内閣　助言と承認／実質的決定　責任　国会

③ 議会制民主主義の二つの型

(1)⓰＿＿＿＿＿制……内閣の基盤を議会の信任に求める制度

・内閣は議会の多数党派（＝⓱＿＿＿＿）によって構成
⟺政権につかない政党（＝⓲＿＿＿＿）

・内閣は議会に⓳＿＿＿＿して責任を負い，議会の信任を失えば，総辞職か議会を⓴＿＿＿＿する

・イギリスのほか，日本やカナダも採用。ドイツやイタリアは，大統領が存在するものの，実質的には⓰＿＿＿＿＿制

[イギリス議会のしくみ]

①二院制

・上院（㉑ 　　　　　　 院）……貴族や聖職者からなる

・下院（㉒ 　　　　　　 院）……国民の直接選挙で選出。任期は5年。上院に対する優越あり

②政党：保守党と㉓ 　　　　　　 党の二大政党制

・与党：内閣を組織。原則として第一党の党首が首相に

・⑱ 　　　　　　 ：政権につかない政党。「㉔ 　　　　　　 」（シャドーキャビネット）を組織

③そのほかの特徴：成文の憲法典なし，裁判所に違憲審査権なし

(2)**大統領制**……国民が大統領（㉕ 　　　　　 府の長）と議員（立法権を担当）を選ぶ。議院内閣制よりも，権力分立が強く貫かれる

・アメリカで発達。フランス，ロシア，韓国も大統領制だが，議院内閣制のしくみも取り入れる

↑イギリスの政治機構

[アメリカの大統領制と議会のしくみ]

①大統領……任期は㉖ 　　　　 年，三選禁止。議会の㉗ 　　　　　　 権や法案提出権はもたない

　──→代わりに，議会が可決した法案への㉘ 　　　　 権，議会への㉙ 　　　　 の送付は認められる

②大統領選挙

・形式的には㉚ 　　　　　　 選挙

・各党で大統領候補者を選出

　──→選挙により，各州で国民が㉛ 　　　　　　　 団を選出

　──→㉛団が選挙により大統領を選出

　※㉛団は，あらかじめ支持する候補者を表明している

・大統領の支持政党と議会の多数派が異なることも

↑アメリカの政治機構

③議会……立法権，予算の議決権，大統領が㉘ 　　　　 した法案に対して㉜ 　　　　　　 以上の多数による再可決権をもつ

・二院制

┌ 上院：任期6年，各州から2名選出。㉝ 　　　　　 の承認権，政府高官の人事の同意権，㉞ 　　　　　 権をもつ

└ 下院：任期2年，各州から人口に比例して選出

・㉟ 　　　　 党と共和党の二大政党制

④連邦裁判所……㊱ 　　　　　　 権をもつ

サポート

イギリスでは，18世紀に「国王は君臨すれども統治せず」の原則の下で立憲君主制が確立した。現在でも，国王は政治的な実権をもたない。

サポート

イギリスの下院の本会議場は，与党と野党が向かいあう形で席が配置され，それぞれの最前列の席の前には剣線（ソード・ライン）とよばれる赤い線が引かれている。二つの線の間の距離はおよそ剣二本分で，議員らは討論中にこの線をこえてはならない。

サポート

フランスやロシアの政治体制は半大統領制ともいわれる。

サポート

㉞権は，罪に問われるような行為をした大統領や政府高官を裁判にかけ，罷免するかどうかを決める権限のことをいう。

サポート

㊱権は，制定された法律などが憲法に違反しないかを審査する権限のことをいう。

19

4 社会主義国の政治体制

■㊲ _____ 制(民主集中制)……社会主義政党による一党独裁とともに，社会主義国でみられる制度

[中国政治のしくみ]

・㊳ _____ (全人代)……立法府で，国家の最高機関。任期は5年，一院制，解散なし

・中国㊴ _____ 党による一党支配━━→最高実力者が国家主席に

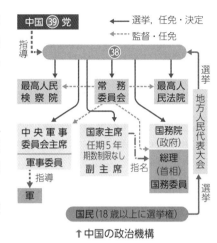

↑中国の政治機構

TOPIC ――一国二制度と香港情勢――

①一国二制度……イギリスから返還された㊵ _____，ポルトガルから返還された㊶ _____ で実施。返還後から㊷ _____ 年間は，特別行政区として高度な自治を保障

②香港情勢

・香港㊸ _____ 法(2020年制定)━━→言論統制が進む

5 アジア諸国の政治体制 / よりよい民主政治に向けて

(1)アジア諸国

・韓国，タイ，インド，フィリピン，マレーシア：複数政党制による民主主義体制

・中国，北朝鮮，ベトナム：社会主義政党による一党独裁体制

・㊹ _____ ……人権よりも経済開発を優先させる政策。かつて**権威主義体制**下でみられたが，現在では多くの国が民主化

・ミャンマー：軍部が実権を握り，民主化運動を弾圧

(2)イスラーム諸国

・サウジアラビアなどアラビア半島の国：王政が多い

・インドネシア，マレーシア，トルコ：民主主義的な政治制度を採用

・イラン：㊺ _____ 共和制。大統領や議会の選挙はあるものの，㊺ _____ 法学者から選ばれる最高指導者の政治的影響力が強大

(3)よりよい民主政治に向けて

・政府の役割とその限界について考え，政治の意義を意識しながら積極的に政治参加することが大切

1 次の記述を読み，正しければ○を，誤っていれば×を記入せよ。

①現在では，直接民主制を採用している国家や州はない。　　　　　　　　　　　（　　）

②議会制民主主義においては，代表者は特定の利益を代表しなければならない。　（　　）

③民主政治は多数決が原則であるため，少数者の意見や権利は無視してかまわない。（　　）

④日本国憲法では，国民主権の原理に基づき直接民主制を採用することを規定している。（　　）

⑤日本国憲法では，天皇は象徴であり，いっさいの国政に関する権能をもたないと定められている。
　　　　　　　　　　　　　　　　　　　　　　　　　　　　　　　　　　　　（　　）

⑥イギリスの議院内閣制の下では，原則として首相は議会の選挙によって選出される。（　　）

⑦イギリス議会は二院制で，上院，下院ともに国民の直接選挙によって選出される。（　　）

⑧アメリカ大統領制の下では厳格な三権分立が採用され，大統領と連邦議会の議員は，それぞれ国民から選出される。　　　　　　　　　　　　　　　　　　　　　　　　　　　（　　）

⑨アメリカでは，大統領は議会に対する法案の拒否権と，議会の解散権をもつ。　（　　）

⑩中国は社会主義体制を堅持しながらも市場経済を導入し，経済発展を遂げている。（　　）

2 図は，日本国憲法下の政治機構について示したものである。A〜Gに当てはまる語句を答えよ。

A（　　　　　　　　　　）
B（　　　　　　　　　　）
C（　　　　　　　　　　）
D（　　　　　　　　　　）
E（　　　　　　　　　　）
F（　　　　　　　　　　）
G（　　　　　　　　　　）

●法律案・予算の議決，条約の承認（59・60・61条）
●内閣総理大臣の指名（67条）
●（C）の決議（衆議院）（69条）
●連帯責任
●行政権行使についての（D）の解散（7・69条）
●国会召集の決定（7条）

国 会
立 法

●（E）裁判所の設置（64条）
●（G）権（81条）

立法／選挙

国 民
主 権

●最高裁判所裁判官の（F）（79条）

●世論
●行政

●裁判

●最高裁判所長官の指名（6条）
●裁判官の任命（79・80条）

内 閣
（A）

●行政事件訴訟の終審裁判（76条）
●（G）権（81条）

裁判所
（B）

━━━━━━━━━━ チャレンジ ━━━━━━━━━━

1 アメリカの政治制度に関する記述について誤っているものを，次の①〜④のうちから一つ選べ。

①アメリカ大統領は国民の直接選挙によって選出され，任期は5年であり，憲法によって三選は禁止されている。

②アメリカ大統領とともに政府を指揮する各省長官は，議員との兼職が認められない。

③高級官吏の任命や条約締結への同意は，上院だけの専権事項である。

④連邦議会では，専門性を生かして効率的な法案作成や審議をおこなうために，委員会中心主義を採用している。　　　　　　　　　　　　　　　　　　　　　　　　　　　　　　（　　）

2 中国に関する記述について誤っているものを，次の①〜④のうちから一つ選べ。

①国家の最高機関は立法府である全国人民代表大会（全人代）で，毎年1回開催される。

②天安門事件などの民主化運動の結果，全人代の議員を国民の直接投票で選出するようになった。

③香港では一国二制度が採用されているものの，香港国家安全維持法の制定などにより一国二制度は形骸化しつつある。

④国家主席は憲法上，儀礼的存在にすぎないが，現在は中国共産党の最高実力者がつくことで，強大な権力を有している。　　　　　　　　　　　　　　　　　　　　　　　　　　　（　　）

7 国会の組織と立法

考察

国会議員は「全国民の代表」であるが，自分の選挙区の有権者の意思には縛られなくてもよいのだろうか。

サポート
国会が国の唯一の❷であることの例外として，両議院や最高裁には規則制定権が認められている。

サポート
❶特権の例外として，院外での現行犯や，議院が承諾した場合は逮捕される。

サポート
㉑調査権とは，国会議員が国政に関する諸問題を究明する権限のこと。

1 国会の地位と構成

■国会……「国権の❶＿＿＿＿＿＿であつて，国の唯一の❷＿＿＿＿＿」（第41条）

①衆議院と参議院の❸＿＿＿＿制──両議院は「❹＿＿＿＿＿を代表する選挙された議員」で組織される（第43条1項）

	衆議院		参議院
定数	465人	定数	248人
任期	❺＿＿＿年（❻＿＿＿＿による任期満了前の終了あり）	任期	❿＿＿＿年（⓫＿＿年ごとに半数改選）❻＿＿＿＿なし
内閣不信任	決議権❼＿＿＿＿	内閣不信任	決議権⓬＿＿＿＿
選挙区	①❽＿＿＿＿区（289区）②❾＿＿＿区（11ブロック）	選挙区	①全国で1つの❾＿＿＿区②原則として都道府県単位の選挙区（45区）

②国会議員の特権

・⓭＿＿＿＿＿特権……国会の会期中は逮捕されない

・⓮＿＿＿＿特権……議院でおこなった演説，討論，表決について，院外で法律上の責任を問われることはない

・⓯＿＿＿＿特権……国から相当額の歳費が支給される

2 国会の権限

(1)国会の権限

・⓰＿＿＿＿権──法律は議会の議決によって成立

・⓱＿＿＿の議決権（第60，第86条），⓲＿＿＿＿の承認権（第61条），⓳＿＿＿＿裁判所を設置する権限（第64条），内閣総理大臣の⓴＿＿＿権（第67条），憲法改正の発議権（第96条）など

(2)両議院にそれぞれ独自に認められた権限

・議員の資格に関する争訟の裁判権（第55条），議院規則制定権および議員懲罰権（第58条2項），㉑＿＿＿＿調査権（第62条）

(3)衆議院にのみ認められた権限

・⓱＿＿＿の先議権（第60条），㉒＿＿＿＿＿決議権（第69条）

3 国会の運営

(1)国会の種類

①㉓＿＿＿（通常国会）……毎年㉔＿＿回，1月に開催，会期は150日。⓱＿＿＿や法律案の審議が中心

②㉕＿＿＿＿（臨時国会）……内閣が必要と認めたとき，またはいずれかの議院の総議員の㉖＿＿分の1以上の要求があったときに召集

③㉗＿＿＿（特別国会）……衆議院が解散されると㉘＿＿日以内に衆議院議員総選挙を実施──総選挙の日から㉙＿＿日以内に召集

※㉚　　　　　　　　……衆議院の解散中，国に緊急のことが生じた場合
に参議院で開かれる──→議決は，次の国会開会後㉛　　　　日以内に衆議院
の同意がなければ失効

(2)法律の制定過程

・法案の発議・提出──→議長が㉜　　　　　　　　に付託──→㉜　　　　　
で審議・出席議員の過半数で議決──→㉝　　　　　　　　に報告

※法案……議員提出法案と㉞　　　　　提出法案がある。例年，議員提出
法案よりも㉞　　　　　提出法案の方が成立率が高い

※公聴会……㉜で，有識者などから意見を聞くために開かれることがある

・㉝　　　　　　　　……各議院の総議員の３分の１以上の出席で開かれ，特
別な場合を除いて㉟　　　　　　　　の過半数で議決。原則公開

※特別な場合

・議員の資格争訟の裁判によって議席を失わせる場合，秘密会の開催，
議員の除名，衆議院での法案の再可決──→㉟　　　　　　　　の３
分の２以上の賛成が必要

・㊱　　　　　　　　の発議──→総議員の３分の２以上の賛成が必要

④ 衆議院の優越

■㊲　　　　　　　　の優越……両議院一致の議決がみられない場合の措置

①法律案の議決(第59条２項・４項)の場合

・両議院で議決が一致しないとき，または，㊲　　　　　　　　が可決した
法律案を参議院が㊳　　　　日以内に可決しないとき──→㊲に返付──→出
席議員の㊴　　　　　　　　以上が賛成──→可決・成立

②⑰　　　　　　　の議決(第60条２項)，⑱　　　　　　　の承認(第61条)，内閣総
理大臣の指名(第67条２項)の場合

・両院協議会でも意見が一致しない，または㊲が可決した案を参議院が㊵
　　　　日以内(内閣総理大臣の指名は㊶　　　　日以内)に可決しないとき
──→㊲の議決を国会の議決とする

⑤ 国会の活性化と課題

(1)国会審議活性化法(1999年制定)

①㊷　　　　　　　　……与野党の党首が対面で話しあう場。実際にはお
こなわれる回数が少ないという問題もある

②大臣に代わって官僚が答弁をする㊸　　　　　　　　制度の廃止
──→現在は，大臣，副大臣，㊹　　　　　　　　が答弁

(2)国会の課題

・議員立法が少ない

・「㊺　　　　　　　　国会」……衆議院で多数派を構成する与党が，参議院
では少数派となっている状態。政権運営の停滞をまねくことも

論点 －衆議院の解散は制限するべきか－

■衆議院の解散

・憲法第69条による解散…内閣不信任決議案の可決に基づいておこなわれる

・憲法第７条のみによる解散(「７条解散」)……憲法第69条の規定によらず，
内閣が任意に解散をおこなう。現在では７条解散が慣例化

サポート
各議院には17の常任㉜の
ほか，会期ごとに設けら
れる特別㉜もある。議員
はいずれかの常任㉜に所
属して，議案の審査にあ
たる。委員会のメリット
として，審議の効率化や
専門的知見からの審査が
可能となる点があげられ，
デメリットとして，㉝の
審議の形骸化があげられ
る。

サポート
会期中に議決されなかっ
た議案は，原則として廃
案となる(会期不継続の
原則)が，例外として，
㉜では継続審査の議決が
なされた案件を閉会中も
審査することができる。

サポート
㊹は，特定の政策につい
て大臣を補佐する役割を
もつ。各省に１～３人置
かれ，国会議員が就任す
る。

1 次の記述を読み，正しければ〇を，誤っていれば×を記入せよ。

①憲法では，国会について，国権の最高機関であり国の唯一の立法機関であると規定している。（　　）

②常会は，特に会期は定められておらず，一年中審議をおこなっている。　　　　　　　　（　　）

③内閣が必要と認めたとき，またはいずれかの議院の総議員の４分の１以上の要求があったときに召集される国会を，特別国会という。　　　　　　　　　　　　　　　　　　　　　　　　　　　（　　）

④国会議員が議院内でおこなった演説や討論について，議院外で法律上の責任は問われない。（　　）

⑤国会議員は，現行犯であっても国会の会期中は逮捕されない。　　　　　　　　　　　　（　　）

⑥全国の有権者の50分の１が法律の改廃を要求した場合，国会はその審議をしなければならない。
　　（　　）

⑦法律案や予算の議決については衆議院の優越が認められているが，条約の承認については両院は対等である。　　　　　　　　　　　　　　　　　　　　　　　　　　　　　　　　　　　　　（　　）

⑧国会の審議においては，専門的な知識が活用されるように，官僚が大臣に代わって答弁する政府委員制度が設けられている。　　　　　　　　　　　　　　　　　　　　　　　　　　　　　　　（　　）

⑨議院証言法に基づいて，各党の党首による党首討論が衆議院本会議でおこなわれている。（　　）

⑩国会が憲法改正を発議するには，各議院の総議員の３分の２以上の賛成が必要である。　（　　）

2 図は，衆議院の優越について示したものである。A〜Fに当てはまる語句を，次のア〜ケから選んで記号で答えよ。

A（　　）　　　B（　　）　　　C（　　）

D（　　）　　　E（　　）　　　F（　　）

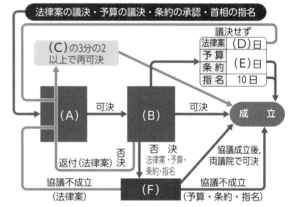

ア．衆議院　　イ．参議院　　ウ．30

エ．60　　　　オ．90　　　　カ．出席議員

キ．全議員　　ク．常任委員会

ケ．両院協議会

チャレンジ

1 国会議員に関する記述について誤っているものを，次の①〜④のうちから一つ選べ。

①議員提出法案の成立率は，内閣提出法案の成立率と比べて高い傾向にある。

②国会議員には，資産の有無にかかわらず議員として活動できるように，相当額の歳費が支払われる。

③衆議院議員の任期は４年だが，解散により，任期満了前に終了となることもある。

④参議院議員の任期は６年で，３年ごとに半数が改選される。　　　　　　　　　　　　（　　）

2 国会が唯一の立法機関であることの例外として正しいものを，次の①〜④のうちからすべて選べ。

①最高裁判所は「憲法の番人」であるため，法律案が憲法に違反していないかどうか，国会に意見を述べ，事前に修正を求めることが認められている。

②衆参両議院は，外部からの干渉を受けることなく，それぞれ独自に議院規則を制定することが認められている。

③内閣は行政府であるが，国会の同意がある場合に限って政令を制定することが認められている。

④地方公共団体は独自の議会を有しており，条例を制定することが認められている。（　　）

8 内閣の機構と行政

1 内閣と国会の関係

(1)議院内閣制……内閣は，国会の信任を基盤としている

- **行政権の行使**(=内閣)について，❶＿＿＿＿＿＿＿に対する連帯責任を規定(第66条3項)
- **内閣総理大臣**(首相)は❷＿＿＿＿＿＿の中から国会の議決で指名され(第67条1項)，国務大臣の❸＿＿＿＿＿は❷＿＿＿＿＿＿の中から選ばれなければならない(第68条1項)

(2)**内閣不信任決議**

- 衆議院で内閣不信任決議案が可決(または内閣信任決議案が否決)
  ↓
  内閣は10日以内に❹＿＿＿＿＿するか，衆議院を❺＿＿＿＿＿するかのいずれかを選択(第69条)
  ↓　❺の場合
  ❻＿＿日以内に総選挙──➤❼＿＿＿日以内に特別会を召集(第54条1項)
  ──➤解散前の内閣の❹＿＿＿＿＿(第70条)──➤国会で新たな内閣総理大臣の指名(第67条1項)──➤❽＿＿＿＿＿による任命(第6条1項)

2 内閣総理大臣と内閣の権限

(1)内閣

- 内閣は❾＿＿＿＿＿権を有し(第65条)，内閣総理大臣とその他の❿＿＿＿＿＿で構成される(第66条1項)
- 軍国主義的な政治を防止するため，内閣総理大臣とその他の❿＿＿＿＿は，⓫＿＿＿＿＿でなければならない(第66条2項)

(2)内閣総理大臣の権限

- 明治憲法下……内閣総理大臣は「同輩中の首席」＝他の国務大臣と同格
- 日本国憲法下……内閣の首長として強い権限をもつ
  ①国務大臣の任命・⓬＿＿＿＿＿権(第68条)
  ②内閣を代表して，法律や予算などの議案を国会に提出(第72条)
  ③一般国務・外交関係を国会に報告し，行政各部を指揮監督(第72条)
  ④法律や⓭＿＿＿＿＿への連署(第74条)

(3)内閣の権限

- ①一般行政事務，②⓮＿＿＿＿＿の執行，③外交関係の処理，④⓯＿＿＿＿＿の締結，⑤予算の作成と国会への提出，⑥⓭＿＿＿＿＿の制定，⑦恩赦の決定(第73条)
- ⑧天皇の⓰＿＿＿＿＿に対する助言と承認(第3条)
- ⑨⓱＿＿＿＿＿の指名(第6条2項)，⑩そのほかの裁判官の任命(第79条1項，第80条1項)
- ※内閣全体の意思は⓲＿＿＿＿＿で決定……非公開，全会一致が原則

よみとき

内閣と国会，裁判所は，どのような関係にあるのだろうか，教科書 p.40 資料2をもとに考えてみよう。

サポート

内閣法により，国務大臣の定数は14人以内(特別に必要がある場合には17人以内)と規定されているが，その附則により，復興担当大臣などの期間限定の大臣が設置されている間は，定数を増やすことができる。

サポート

⓭は，法律の範囲内で内閣が制定する成文法のこと。ただし，法律の委任がなければ罰則や義務を設けたり，権利を制限したりすることはできない。

③ 日本の行政機構

(1)日本の行政機構……府・省・庁および委員会など

・主要官庁──→長には国務大臣が就任，⑲_____・大臣政務官が大臣を補佐

(2)1府12省庁体制

・⑳_____……ほかの省庁より上位に位置，各省庁間を総合調整

・㉑_____……内閣と内閣総理大臣を直接補佐する機関。㉑_____長官も国務大臣

(3)㉒_____……内閣からある程度独立して活動する合議制の行政機関。地方公共団体でも取り入れられている

・政治的中立性の確保，利害関係の調整，専門知識を要する分野に設置

サポート
㉓委員会は，独占禁止法
違反の事業者に対して，
排除措置命令などをおこ
なう。なお，人事院は国
家公務員の給与について
勧告し，国家公安委員会
は警察組織の監督をして
いる。

・人事院，国家公安委員会，㉓_____委員会など

・任務は裁決・審判などの準司法的作用，規則制定などの準㉔_____的作用

(4)㉕_____……中央省庁から独立した法人組織。かつての国立の美術館や博物館，研究機関など

④ 行政国家化と行政の民主化

(1)行政国家化……20世紀，積極国家の下で行政機能が拡大

・㉖_____（ビューロクラシー）……各部署や階級によって役割が明確化，合理的な事務処理が可能──→秘密主義，形式主義などの弊害もある

(2)行政主導の法案作成

・日本の法律の多くは㉗_____提出法案──→実質的には官僚が作成

・㉘_____……法律で規定の枠組みだけを決めて，内容の詳細は政令・省令・規則などの行政の命令で定める

(3)政官財の結びつき

サポート
㉚は，国の特殊な事業の
実施などのために法律に
基づいて設置された法人
のこと。日本放送協会
（NHK）や日本年金機構
などがある。

・「㉙_____」……官僚が早期退職して，㉚_____や民間企業などに再就職すること

・特定の業種に利害関係をもつ㉛_____との癒着

↓　批判が高まる

①㉜_____法(1993年制定)

……民間企業の事業に対する許認可や行政指導のルール，㉝_____（意見公募手続）のしくみを整備

②㉞_____法(1999年制定)

……国家公務員が贈与や接待を受けた場合，報告・公開を義務付け

③行政の透明性の確保……行政の民主化と情報公開が必要

サポート
㉟制度は，19世紀初頭に
スウェーデンにおいては
じめて設置された。現在
では，フィンランドやデ
ンマーク，オランダなど
で導入されている。

──→行政監察官(㉟_____)制度：議会などから任命された者が市民の苦情を受けて行政機関の活動を調査・報告する制度。日本では一部の地方公共団体で導入，国レベルでは設置なし

TOPIC －公務員制度改革－

■国家公務員制度改革

・内閣官房に㊱_____局設置(2014年)

……省庁ごとにおこなってきた幹部職員人事を一元化

1　次の記述を読み，正しければ〇を，誤っていれば×を記入せよ。

①議院内閣制は，国会に対して内閣が連帯して責任を負う政治制度である。　　　（　　）

②内閣総理大臣は，衆議院議員から選出されると憲法で規定されている。　　　　（　　）

③衆議院の解散は，憲法第7条に天皇の国事行為として規定されている。　　　　（　　）

④内閣不信任案の可決は衆議院および参議院に対等の権利として付与されている。（　　）

⑤防衛大臣以外の国務大臣は，すべて文民でなければならないと規定されている。（　　）

⑥内閣の外局である人事院が廃止されて，新たに内閣官房に内閣人事局が設置された。（　　）

⑦内閣総理大臣の指名は国会がおこない，最高裁判所長官の指名は内閣がおこなう。（　　）

⑧公務員が退職後に民間企業に再就職する「天下り」は，現在，全面的に禁止されている。（　　）

⑨委任立法とは，法律の枠組みも内容もすべて，各省庁に作成を委任することである。（　　）

⑩官僚主導からの脱却と政治家主導をめざして，省庁に副大臣と政務次官が導入された。（　　）

2　日本の行政機構について示した下の図について，A～Fに当てはまる語句を答えよ。

（2023年10月現在）

A（　　　　　　）

B（　　　　　　）

C（　　　　　　）

D（　　　　　　）

E（　　　　　　）

F（　　　　　　）

内　　閣

復興庁　デジタル庁

（A）特命担当大臣 など

（B）内閣官房長官 首相補佐官 など

内閣法制局　国家安全保障会議　人事院

太字は1府12省庁
副大臣・大臣政務官を配置

宮内庁　国家公安委員会　（C）　法務省　財務省　文部科学省　厚生労働省　農林水産省　（D）　（E）　外務省　防衛省　（F）

こども家庭庁　カジノ管理委員会　公正取引委員会　警察庁　個人情報保護委員会　金融庁　消費者庁　公害等調整委員会　消防庁　出入国在留管理庁　公安審査委員会　公安調査庁　国税庁　文化庁　スポーツ庁　中央労働委員会　林野庁　水産庁　資源エネルギー庁　特許庁　中小企業庁　観光庁　気象庁　運輸安全委員会　海上保安庁　防衛装備庁　原子力規制委員会

チャレンジ

1　日本国憲法が定める法の制定について説明した次の記述A～Cのうち，正しいものはどれか。当てはまる記述をすべて選び，その組みあわせとして正しいものを，下の①～⑦のうちから一つ選べ。

A　内閣は，憲法および法律の規定を実施するために，政令を制定することができる。

B　最高裁判所は，訴訟に関する手続きについて，規則を制定することができる。

C　都道府県や市町村などの地方公共団体は，法律の範囲内で条例を制定することができる。

①A　②B　③C　④AとB　⑤AとC　⑥BとC　⑦AとBとC　　　　（　　）

2　日本の内閣に関する記述について正しいものを，次の①～④のうちから一つ選べ。

①日本国憲法下での内閣総理大臣は「同輩中の首席」であり，ほかの国務大臣と同格の立場にある。

②内閣総理大臣は，国民による直接選挙で選出される。

③閣議は内閣総理大臣の主宰でおこなわれ，多数決で内閣の方針を決定する。

④内閣不信任案が可決，または信任決議案が否決された後，10日以内に衆議院を解散しなかった場合には，内閣が総辞職しなければならない。　　　　（　　）

3　内閣の権限として正しいものを，次の①～⑥のうちから二つ選べ。

①条約の承認権　　②内閣総理大臣の指名権　　③国政調査権　　④最高裁判所長官の指名権

⑤政令の制定権　　⑥憲法改正の発議権　　　　　　　　　　　　　　（　　　）

9 裁判所の機能と司法制度

1 司法権の独立

(1)❶_____……社会におけるさまざまな争いについて，法に基づいて裁判をおこない，国民の権利と自由を保障する国家の権限

・❶_____の独立：政治的圧力を排除して公正な裁判をおこなうために，国会や内閣から分離

・最高裁判所には，訴訟に関する手続きなどの❷_____権を認める（第77条）

(2)裁判官の職権の独立

・「すべて裁判官は，その❸_____に従ひ独立してその職権を行ひ，この❹_____及び法律にのみ拘束される」（第76条3項）

(3)裁判官の身分保障

・行政機関が裁判官の懲戒処分をおこなうことはできない（第78条）

　[例外]①❺_____……罷免の訴追を受けた裁判官を国会議員が裁判するために国会に設置される裁判所（第64条）

　　　　②最高裁判所裁判官の❻_____……衆議院議員総選挙の際に，国民の直接投票によっておこなわれる（第79条2～4項）。投票者の過半数が罷免を可とすれば罷免される

2 裁判制度

(1)裁判所の構成……❼_____裁判所と，そのほかの下級裁判所（❽_____裁判所，❾_____裁判所，❿_____裁判所，簡易裁判所）

14歳以上の**少年事件**については，犯罪の程度をふまえて家庭裁判所が検察官送致（逆送）を決定した場合，一般の刑事事件と同様に扱われる。

❼ 裁判所

抗告とは，裁判所の決定や裁判官の命令に対して上訴すること。決定や命令は簡素な方式でおこなわれる裁判で下される。

特別抗告 ⓮　⓮ ⓮ 再抗告

❽ 裁判所

即時抗告　　　抗告

❿ 裁判所　　⓭ ⓮ ⓭　❾ 裁判所　　一般の刑事事件　　❿ 裁判所

親子，夫婦，兄弟間などの争い　　請求額が140万円をこえる訴訟，不動産に関する訴訟 ⓭　⓭　　　　　少年事件

請求額が140万円以下　簡易裁判所　罰金以下の罪

㉑ 裁判　　　　　　　　　　　　　　　　　㉘ 裁判

(2)⓫_____制……判決に不服があれば⓬_____（上級の裁判所に裁判のやり直しを求めること）が可能

・⓭_____……第一審の判決に不服で⓬すること

・⓮_____……第二審の判決に不服で⓬すること

(3)原則として⓯_____の法廷で開催（第37条1項，第82条1項）

　……裁判官の全員一致で⓰_____を害するおそれがあると判断した場合は，対審を非公開とすることが可能。判決は必ず公開

・政治犯罪，出版に関する犯罪，基本的人権が問題となっている事件の対審は常に公開

(4)通常の裁判所の系列に属さない**⑰**〔　　　　　　〕**裁判所**の設置禁止，行政機関による終審裁判の禁止(第76条2項)

　　※明治憲法下では行政裁判所，軍法会議，皇室裁判所が設置——→人権保障が不十分

(5)法曹三者の役割

　①**⑱**〔　　　　　　〕：検察官や弁護士の主張や立証をもとに判決を下す

　②**⑲**〔　　　　　　〕：民事裁判では訴訟の代理人となって依頼人のために弁護や主張をおこない，刑事裁判では被告人の弁護をおこなう

　③**⑳**〔　　　　　　〕：刑事事件の捜査に基づいて被疑者を起訴するかどうかを決定し，起訴した場合は裁判で有罪の立証をおこなう

(6)**㉑**〔　　　　　〕**裁判**……個人や団体間の，財産や身分に関する権利・義務についての争いを解決するための裁判——→権利の救済，社会秩序の維持

　・訴えた方を**㉒**〔　　　　　　〕，訴えられた方を被告という

　・話しあいによる**㉓**〔　　　　　〕で裁判が終了することも多い

　①**㉔**〔　　　　　〕**裁判**：国や地方公共団体の行為や決定に対して，国民や住民が原告となって訴えをおこすもの。**㉑**〔　　　　　〕裁判の一種

　②**㉕**〔　　　　　　　〕**裁判所**：特許権や商標権などの知的財産権に関する訴訟を扱う(東京高裁の特別支部)

　③裁判以外の紛争解決方法

　　・**㉖**〔　　　　　〕……中立的な第三者が，交渉を促したり利害を調整したりして，トラブルの解決をめざす。裁判よりも手続きが簡単

　　・**㉗**〔　　　　　〕**手続(ＡＤＲ)**……行政機関や民間団体による**㉓**〔　　　　　〕の仲介や仲裁により解決を図る

　　　——→仲裁によって下された判断は，裁判所の判決と同様の強制力をもつ

(7)**㉘**〔　　　　　〕**裁判**……証拠の取り調べや立証の後，有罪・無罪を決め，有罪であれば**㉙**〔　　　　　〕(刑罰の種類や重さ)を決める。裁判にかけられた被疑者は**㉚**〔　　　　　〕となる

　①被告人の権利……**裁判を受ける権利，㉛**〔　　　　　　〕**依頼権**

　②刑事裁判の原則

　　・**㉜**〔　　　　　〕**主義**……犯罪となる行為の内容や刑罰は，法律で明確に規定されていなければならない

　　・**㉝**〔　　　　〕**推定の原則，「疑わしきは㉚**〔　　　　　〕**の利益に」**

　③**㉞**〔　　　　〕**制度**……有罪確定後でも，新たな事実が判明した場合などに，裁判のやり直しをおこなう制度——→**㉟**〔　　　　　〕を防止するための制度

　④**㊱**〔　　　　　〕**手続**……法曹三者で事前に証拠の整理をおこなうなどして，裁判が迅速に進むようにするもの

③　刑罰と人権

(1)刑罰の必要性……①犯罪に対する報い，②将来の犯罪防止

(2)犯罪者の更生と再犯予防……**㊲**〔　　　　　　　〕**推進法**(2016年制定)

(3)被害者や被害者家族への対応……当事者として司法に参加する権利の尊重

　　——→**㊳**〔　　　　　　〕**制度**(2008年導入)：被害者や遺族が裁判に出席し，被告人に質問したり量刑について意見を述べたりできる

サポート
刑事訴訟法では，犯罪の疑いはあっても，起訴を必要としないときは検察官の裁量で起訴猶予処分とすることができる。

サポート
最高裁は，白鳥事件の**㉞**請求の判決文において，「疑わしきは**㉚**の利益に」の原則を示し，これをきっかけに**㉞**で無罪判決が出されるようになった。

考察
刑罰を科すことについて，犯罪に対する報いとする考え方と，犯罪防止を目的とする考え方の，それぞれの意義と問題点とは，どのようなことだろうか。

29

サポート
❸とはこの場合，20歳に満たない者のことであり，性別は問わない。また，❸事件の審判は原則として非公開とされている。

考察
裁判員制度には，どのような課題があるのだろうか。また，国民にとってより身近でわかりやすく，利用しやすい司法制度とは，どのようなことを意味するのだろうか。

サポート
日本でも，1928～43年の間は❹制が導入されていた。

サポート
砂川事件判決では日米安全保障条約について，苫米地事件では内閣不信任決議を経ない衆議院解散（7条解散）の効力について，それぞれ問題となった。なお，現在では7条解散が慣例化している。

(4)❸ _____ 法……20歳未満の少年による犯罪について，保護や更生の観点から制定。刑事罰の対象年齢は❹ _____ 歳以上

・18・19歳は「特定少年」として，刑事裁判にかける対象事件が拡大された

4 国民の司法参加

(1)❹ _____ ……不起訴になった事件について，被害者などからの申し立てを受けて審査し，起訴すべきかどうかを議決する

・18歳以上の有権者から選ばれた❹ _____ 人の審査員で審査──8人以上が起訴すべきとの議決を2回出した場合──強制的に起訴

(2)❸ _____ 制度（2009年の裁判員法で導入）

・18歳以上の有権者から選ばれた❹ _____ 人の❸ _____ と❺ _____ 人の裁判官による合議で，事実認定や量刑判断をおこなう

・有罪であると判断するには，1人以上の裁判官を含む❻ _____ の賛成が必要

・対象は，殺人など重大な❷ _____ 事件の第一審

・特別な事情がない限り辞退は認められない

・❼ _____ 義務……評議の過程での意見などを口外してはいけない。公開の法廷で見聞きしたことや，❸を経験した感想を話すことは許される

(3)陪審制と参審制

①❽ _____ 制……事件ごとに❽ _____ 員を選出し，❽員だけで有罪・無罪を判断──裁判官が量刑を決定。アメリカやイギリスで導入

②❾ _____ 制……一定の任期の❾ _____ 員が裁判官とともに有罪・無罪を決定し，有罪の場合は量刑判断もおこなう

5 違憲審査権

(1)❺ _____ ……憲法違反を事前に防止したり，事後に合憲の状態に修復したりするしくみ

(2)❺ _____ ……法律や行政行為が，国の最高法規である憲法に違反していないかを判断する権限。すべての裁判所がもつ

・❼ _____ 裁判所……下級裁判所の判断を参考にしつつ，最終判断を下す終審裁判所＝「憲法の❺ _____ 」ともいわれる

・❺ _____ 論……国会や内閣が高度な政治的判断に基づいておこなう行為は，司法審査の対象にはならないという考え方

──最高裁は，砂川事件判決(1959年)や苫米地事件(1960年)で採用

(3)違憲審査の類型

・アメリカ型（❺ _____ 違憲審査制）……通常の裁判所が具体的な事件の訴訟を通じて，法令や国家行為の合憲性を判断。日本もアメリカ型を採用

・ドイツ型（❺ _____ 違憲審査制）……憲法裁判所が具体的な事件の訴訟とは無関係に，法令や国家の行為の合憲性を問う

1　次の記述を読み，正しければ〇を，誤っていれば×を記入せよ。

①日本国憲法は最高裁判所に対して，訴訟に関する手続き，弁護士や裁判所の内部規律および司法事務処理に関する事項についての規則制定権を認めている。（　　）

②平賀書簡事件では，参議院の法務委員会が国政調査権を発動して，裁判所の判決を批判したことが，司法権の独立を侵害したとして問題となった。（　　）

③これまでに，弾劾裁判で罷免された裁判官も，国民審査で罷免された裁判官も，一人も存在しない。（　　）

④最高裁判所長官は，国会の指名に基づいて天皇が任命する。（　　）

⑤知的財産高等裁判所は，日本国憲法下で初の特別裁判所として設置された。（　　）

⑥検察審査会の対象となる事件は，起訴・不起訴にかかわらずすべての事件である。（　　）

⑦裁判員裁判では，重大事件の第一審において，6人の裁判官と3人の裁判員で審理する。（　　）

⑧アメリカの陪審制では，陪審員は有罪か無罪かだけを判断する。（　　）

⑨国会や内閣が高度な政治的判断に基づいておこなう行為は，違憲審査の対象にはならないという考え方を，憲法保障という。（　　）

⑩日本の違憲審査制は，ドイツ型の抽象的違憲審査制である。（　　）

2　図は，裁判の流れを示したものである。

(1)図は，民事裁判と刑事裁判のどちらの裁判について示したものか答えよ。
（　　　　　　　　）

(2)Aに入る，裁判を迅速に進めるために，法曹三者があらかじめ裁判の争点や証拠を整理しておく手続きを何というか答えよ。
（　　　　　　　　）手続

【捜査段階】
犯罪の発生
↓
警察などが逮捕
→検察官送致
↓
検察庁
検察官の事件処理
↓
不起訴　起訴

【公判段階】
公判請求，（A）手続
↓
審理(法廷)
①人定質問(被告人の本人確認)
②起訴状朗読(検察官)
③意見陳述(被告人と弁護人)
④検察側と被告人側の事実証明
⑤論告・求刑(検察官)
⑥弁論(弁護人)
⑦最終陳述(被告人)
↓
判決の言い渡し

※軽微な罪については，公判を開かずに，簡易裁判所での簡略化した書面審理をおこなう略式手続もある。

━━━━━━━━━━━━━━ **チャレンジ** ━━━━━━━━━━━━━━

1　次の文章を読んで，司法権に関する記述として正しいものを，次の①～④のうちから一つ選べ。

> 1891年，国賓として滋賀県の大津を訪問していたロシア皇太子ニコライを護衛巡査が切りつけ，重傷を負わせた事件がある。この事件では，内閣から死刑判決を下すように司法権に対する圧力がかけられたが，時の大審院長・児島惟謙は，圧力に屈せず公正な裁判をするよう担当裁判官にはたらきかけ，その結果，法に従って無期徒刑(無期懲役)の判断が下された。

①児島惟謙の行動は司法権の独立を守った事例であり，何ら問題はない。

②児島惟謙の行動は司法権の独立を守ったが，裁判官の職権の独立を侵害した可能性がある。

③児島惟謙の行動は裁判官の職権の独立を守った事例であり，何ら問題はない。

④児島惟謙の行動は裁判官の職権の独立を守ったが，司法権の独立を侵害した可能性がある。（　　）

2　日本の司法制度に関する記述について誤っているものを，次の①～⑤のうちからすべて選べ。

①検察審査会で強制起訴となるには，二度目の審査で起訴議決がなされる必要がある。

②裁判員裁判では，必ず公判前整理手続をおこなわなければならない。

③行政機関に対する行政裁判は，専門の行政裁判所で判断される。

④最高裁判所の裁判官は内閣の指名によって選出され，国会での承認手続きを必要とする。

⑤裁判員には守秘義務が課せられ，評議の過程で出た意見を口外してはならない。（　　）

10 現代政治のあり方

諸課題へのアプローチ

課題1 よりよい民主政治を実現するためには，どのような制度がよいのだろうか。

1 議院内閣制と大統領制の違い

・なぜ，議院内閣制における内閣は，議会に対して責任を負っているのだろうか。

2 各国の政治体制の特徴

・各国の政治制度について示した下の表について，空欄に当てはまる語句を答えよ。

		ドイツ	フランス	ロシア	韓国
大統領	任期	5年(3選禁止)		6年(連続3選禁止)	5年(再選禁止)
大統領	選出	連邦集会で選出	国民の❶　　　　選挙		
大統領	権限	議院内閣制の下で，政治的な実権は❷　　　にある。	議院内閣制を取り入れているが，❸　　　の権限が大きい。※フランスやロシアは❹　　　制ともいわれ，大統領が下院解散権をもつ一方，議会は❺　　　決議権をもつ		
議会	構成	❻　　　制			一院制
議会	上院	州の代表であり，各州政府が任命。	❼　　　団による間接選挙で選出。	各地から2名ずつ代表が任命される。	国民による直接選挙(解散なし)
議会	下院	国民による直接選挙(解散あり)	国民による直接選挙(解散あり)	国民による直接選挙(解散あり)	

3 よりよい民主政治のしくみとは？

(1)議院内閣制と大統領制に関する次の記述を読み，正しければ○を，誤っていれば×を記入せよ。

①議院内閣制の日本では，内閣総理大臣は国会議員でなければならない。　　　　（　　）

②議院内閣制を採用している国の国家元首は，必ず内閣総理大臣である。　　　　（　　）

③大統領制を採用しているアメリカの国民は，議会の議員と大統領を選挙で選ぶ。　（　　）

④アメリカ大統領は，議会と国民の両方に対して責任を負っている。　　　　　　（　　）

(2)議院内閣制と大統領制の違いを，「政策の推進」と「権力の抑制」の観点から整理してみよう。

	議院内閣制	大統領制
政策の推進		
権力の抑制		

説明しよう

・議院内閣制と大統領制，近隣アジア諸国の政治体制を検討した上で，よりよい民主政治を実現するためには，どのような政治制度がよいだろうか。自分の考えを説明してみよう。

1　憲法改正と国民投票のしくみ

・日本国憲法の改正に関する次の記述を読み，正しければ○を，誤っていれば×を記入せよ。

①憲法改正は，衆議院の本会議に出席した議員の3分の2以上の賛成で発議される。　　　（　　）

②日本国憲法の改正手続きは，法律の制定や改廃手続きと同様の形式でおこなわれる。　　（　　）

③日本国憲法改正の国民投票は，各条文の改正案ごとに賛成と反対のどちらかに○をつける形式と
なっている。　　　　　　　　　　　　　　　　　　　　　　　　　　　　　　　　　　　（　　）

④日本国憲法改正の国民投票は，これまでに一度も実施されたことがない。　　　　　　（　　）

2　憲法改正に関する世論調査結果

(1)教科書 p.49の資料5「憲法改正についての世論調査」から読みとれることを説明しよう。

[憲法改正の要否]から読みとれること

[新たに盛り込むべき権利]から読みとれること

(2)プライバシーの権利は憲法に明記すべきだろうか。自分の考えを，理由とともに説明してみよう。

(3) 考察　憲法改正について，どのように考えるだろうか。論点を一つ取り上げ，改憲に賛成の意見と
反対の意見を比較した上で検討してみよう。

○論点：（　　　　　　　　　　　　　　　　　　　　　　　　　　　　　　　　　　　　　　）

賛成意見	反対意見	自分の考え

3　憲法改正の国民投票の意義とは？

・なぜ，日本国憲法の改正手続きに，国民投票が定められているのだろうか。

説明しよう

・日本国憲法における憲法改正のしくみを踏まえた上で，硬性憲法や国民投票の意義について，諸外国
の憲法も参考にして，自分の考えを説明してみよう。

11 地方自治制度と住民の権利

考察

住民自治と団体自治には，それぞれどのようなものがあるだろうか。具体例を取り上げて分類してみよう。

① 地方自治の本旨

(1)地方自治……住民の身近な問題を住民みずからの手で解決するしくみ。目標は住民福祉の実現

・ブライス(英)：「地方自治は❶＿＿＿＿＿＿＿＿の学校」

※明治憲法下では，地方自治の規定はなし。知事は中央から派遣され，市町村長はその管理下におかれた＝❷＿＿＿＿＿＿＿＿的な地方制度

(2)日本国憲法・法律による規定

・❸＿＿＿＿＿＿＿＿＿(地方自治体)：地方自治をおこなう機関

　──「❸＿＿＿＿＿＿＿＿の組織及び運営に関する事項は，❹＿＿＿＿＿＿＿＿に基いて，法律でこれを定める」(日本国憲法第92条)

・地方自治法(1947年制定)で２つの原理を採用

①❺＿＿＿＿＿＿＿＿……地方公共団体が，国の関与を排除して自立的な政治をおこなうこと

②❻＿＿＿＿＿＿＿＿……住民自身や，その代表者が地方公共団体の政治をおこなうこと

② 二元代表制

・地方公共団体の運営

　執行機関：❼＿＿＿＿＿(都道府県知事，市町村長)

　議決機関：❽＿＿＿＿(地方議会)

　──❼＿＿＿＿も❽＿＿＿＿の議員も住民の❾＿＿＿＿選挙で選出

　(＝❿＿＿＿＿＿＿＿制)。任期は⓫＿＿＿年，被選挙権は⓬＿＿＿＿歳(知事は30歳)以上

③ 地方議会と首長の役割

(1)議会・議員・首長の役割

・地方議会：一院制，⓭＿＿＿＿＿の制定・改廃，予算の決定，決算の認定

・地方議員：首長に対する一般質問，⓭＿＿＿＿＿の立案

・首長：⓭の執行，議案・予算の議会への提出，規則の制定，地方公務員の⓮＿＿＿＿権と内部組織を編成する権限

(2)地方公共団体の仕事

・⓯＿＿＿＿事務……地方公共団体の独自性が強い事務。国の関与は助言や勧告のみ　例)都市計画の決定，病院・薬局の開設許可など

・⓰＿＿＿＿事務……本来は国がおこなうべきだが，効率性などの観点から地方公共団体がおこなう事務　例)戸籍事務，国政選挙など

・執行補助機関……都道府県では⓱＿＿＿＿，市町村では副市町村長

・⓲＿＿＿＿＿＿……首長から独立した執行機関

　例)公安委員会，選挙管理委員会など

(3)議会と首長の関係

……互いに独立・対等の立場を守りつつ，抑制と⓳＿＿＿＿の関係

サポート

憲法第94条では「法律の範囲内で⓭を制定することができる」とされているが，法令に定められた基準を上回る「上乗せ⓭」や，法律では対象外の事項についても規制範囲を広げた「横出し⓭」などもある。

①議会：首長に対する⑳ _____ 権

②首長：議会の解散権（⑳ _____ 案が可決された場合のみ），

　　議会の議決した条例や予算に異議があれば，拒否権を行使し，㉑ _____ に付すことができる

　　──→議会が出席議員の3分の2以上の賛成で再議決すれば確定

④ 住民の権利と住民運動

(1)日本国憲法と地方自治法における住民の権利

①日本国憲法（第95条）……一つの地方公共団体のみに適用される㉒ _____ 法の制定には，住民投票（㉓ _____ ）で過半数の同意が必要

②地方自治法……直接民主制の理念に基づいて，住民が直接請求できる権利（㉔ _____ ）について規定

　・住民発案（㉕ _____ ）……条例の制定・改廃の請求

　・住民解職（㉖ _____ ）……首長・議員などの解職や議会の解散の請求

　・地方公共団体の事務の監査請求

＜直接請求の手続き＞

請求別		必要署名数	請求先	取り扱い
条例の制定・改廃の請求		有権者の㉗ ____分の1以上	❼ _____	❼が議会にかけ，その結果を報告
事務の監査の請求			監査委員	監査結果を議会・❼などに報告し，かつ公表
議会の解散の請求		原則として有権者の㉘ ____の1以上	㉙ _____	住民投票に付し，㉚ _____ の同意があれば解散・失職
解職の請求	議員，首長		㉙ _____	
	副知事，副市町村長，監査委員など		❼ _____	議会にかけ，㉛ _____ 以上が出席し，その4分の3以上の同意で失職

(2)そのほかの住民参画の手段

　・条例による㉜ _____ ……住民の意思を図る有効な手段だが，法的拘束力はない。中高生や定住外国人に投票権を与える自治体もある

　・住民運動……請願や陳情，訴訟やデモなど

　・㉝ _____ （非営利組織）……住民が主体となってさまざまな分野で社会貢献をおこなう。行政や企業と協働して事業をおこなう場合もある

　　──→㉝ _____ 法（特定非営利活動促進法）で支援

　　　……一定の要件を満たせば法人資格付与，税の減免などの優遇措置

⑤ 地方財政の課題

(1)地方公共団体の財源

①㉞ _____ 財源……都道府県や市町村が課す㉟ _____ など

──→㉞財源の割合が3～4割＝㊱ _____ （四割自治）

考察

首長の議会に対する解散権は，内閣の国会に対する解散権と，どのような点で異なっているのだろうか，比較してみよう。

35

②㊲＿＿＿＿財源……国から交付される財源

　・㊳＿＿＿＿＿＿……地方公共団体が自主的に使途を決められ
　　る。所得税・酒税・法人税・消費税の一定割合と，地方法人税の金額が，
　　地方公共団体の財政力に応じて交付

　・㊴＿＿＿＿＿＿……国によってあらかじめ使途が決められて
　　いる。交付は国による裁量が大きく，地方分権を妨げる一因にも

　・㊵＿＿＿＿＿＿……地方公共団体が独自に発行できる公債

　※多くの地方公共団体では㊲＿＿＿＿財源の割合が高い。㊵＿＿＿
　　＿＿の増発による累積債務で財政破綻に陥る事例も

　※歳入のうち，㉟＿＿＿＿，㊳＿＿＿＿＿＿，地方譲与税，
　　地方特例交付金は使途が決められておらず，どの経費にも支出できる（＝
　　一般財源）

(2)㊶＿＿＿＿＿＿の改革……地方財政の立て直しと地方分権の推進を目
　的とした2000年代前半の改革。①㊳の見直し，②㊴＿＿＿＿＿＿
　の削減，③税源の移譲を同時に進めた

(3)地方公共団体㊷＿＿＿＿＿＿法(2007年制定)……地方公共団体の
　財政状況を明らかにして，財政破綻の防止と財政の健全化をめざす
　──→㊸＿＿＿＿＿＿のあり方や，㊴の計画的活用などに課題

(4)㊹＿＿＿＿＿＿納税……自分の住んでいる地域以外の地方公共団体に
　寄附をすれば，その一部が㊺＿＿＿＿税や住民税から控除されるしくみ。
　寄附の返礼品をもらえる自治体もある

6　地方分権の推進と課題〈課題探究➡教科書 p.136～141〉

(1)地方分権をめざす取り組み

　・㊻＿＿＿＿＿＿法(1999年制定)……国と地方が対等・協力
　　関係になることをめざす──→㊼＿＿＿＿＿＿事務の廃止

　・**市町村合併**……地方分権と地方行政の効率化をめざす

　・㊽＿＿＿＿＿＿(特区)……地域の活性化のため，一定の分野におけ
　　る規制を緩和(構造改革特区，総合特区，国家戦略特区)

　・㊾＿＿＿＿＿＿……複数の地方公共団体が，ごみ処理や消防などの
　　事務を共同でおこなうしくみ

　・㊿＿＿＿＿＿＿……都道府県を廃止し，「道」や「州」を設置して国の権限
　　を大幅に移譲するという構想。現在のところ実現はしていない

(2)地域社会における課題

　・51＿＿＿＿＿＿……高齢化と人口減少により，社会的共同生活の維
　　持が難しい集落

　・52＿＿＿＿＿＿現象……都市機能が郊外に移転し，中心地が空
　　洞化する現象

　・53＿＿＿＿＿＿現象……都市の急速な発達によって，市街地が
　　無秩序に広がっていく現象

　──→54＿＿＿＿＿＿……住宅や商業施設，行政機能
　　を中心部に集約させた都市

サポート
一般財源と異なり，使途
が決められている財源を
特定財源という。特定財
源には㊴や㊵などがある。

サポート
㊸は法定外税ともよばれ，
地方税法に規定された税
以外で，条例によって新
設された税のことをいう。

サポート
㊹納税は，節税効果があ
るとして注目をあびてい
る。しかし，本来であれ
ば自分の住む自治体に納
めるはずの税金を，ほか
の自治体に寄附している
ことになるので，自分の
住む自治体の税収減少や，
行政サービスの質の低下
につながる可能性がある
ということも知っておく
必要がある。

1 次の記述を読み，正しければ〇を，誤っていれば×を記入せよ。

①ブライスは，地方自治について「民主主義の学校」と表現した。 （ ）

②明治憲法にも「地方自治」についての規定はあり，内務省が担当していた。 （ ）

③住民自治とは，地方公共団体が，国の関与を排除した自立的な政治をおこなうことをいう。（ ）

④首長は，地方議会をいつでも解散できる強い解散権をもつ。 （ ）

⑤地方分権一括法に規定されている，地方が本来的におこなう事務を法定受託事務という。 （ ）

⑥住民投票条例に基づく住民投票の結果には，法的拘束力がない。 （ ）

⑦住民が，条例の制定や改廃の請求をすることをリコールという。 （ ）

⑧2000年代前半におこなわれた三位一体の改革とは，地方交付税の見直し，国庫支出金の増額，地方議会への権限移譲を同時に進めた改革のことである。 （ ）

⑨財政破綻した後，国の指導によって再建を図る地方公共団体を，早期健全化団体という。 （ ）

⑩ふるさと納税の利用者が多い都市部では，税収の減少につながっている地方公共団体もある。 （ ）

2 図は，地方公共団体の歳入歳出総額の見込み額である地方財政計画について示したものである。地方財政に関する記述について正しいものを，次の①〜④のうちから一つ選べ。

①地方交付税と国庫支出金は，国によってあらかじめ使途が決められている。

②歳入に占める地方税の割合は，依存財源の割合よりも多い。

③地方債を発行しなければ，公債費以外の歳出を賄えない状況にある。

④地方交付税は，地方の財政力格差の縮小を目的として，国が交付する。

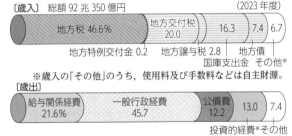

（ ）

1 直接請求の手続きに関する記述として正しいものを，次の①〜④のうちから一つ選べ。

①条例の制定・改廃の請求は首長に対しておこなわれ，首長が議会にかけてその結果を報告する。

②議会の解散の請求は首長に対しておこなわれ，住民投票で過半数の同意があれば解散となる。

③議員の解職の請求は選挙管理委員会に対しておこなわれ，議会で過半数の同意があれば解職となる。

④首長の解職の請求は選挙管理委員会に対しておこなわれ，議会で3分の2以上の同意があれば解職となる。 （ ）

2 地方自治に関する記述として正しいものを，次の①〜④のうちから一つ選べ。

①市町村長や地方議会議員の被選挙権は20歳以上，知事の被選挙権は30歳以上である。

②首長は，議会議員の中から議員による投票で選ばれる。

③地方自治法は直接請求権について規定しており，このうち，首長・議員の解職や議会の解散請求についてはイニシアティブとよばれる。

④地方分権一括法の施行により，機関委任事務は廃止され，自治事務と法定受託事務に再編された。 （ ）

12 政党政治と選挙

よみとき
教科書 p.55資料**2**をもとに，二大政党制と多党制のそれぞれの長所と短所は何だろうか，比較してみよう。また，世界各国の政党政治は，どの類型にあてはまるのだろうか，分類してみよう。

1 政党の役割/圧力団体

(1)政党……政治上の理念や主張を共有する人々で結成され，みずからの政策の実現を目的とする集団

・**政党政治**……政党を中心におこなわれる政治

・政党は選挙公約や政権公約(❶　　　　　　　　　　)を掲げ，候補者を立てて政権獲得をめざす

(2)政党の類型

・政治の変遷：❷　　　　　　　政党……教養や財産などをもつ有力者による政党─→**大衆民主主義の成立**─→❸　　　　　　政党─→第二次世界大戦後，国民の幅広い層から支持を受ける❹　　　　　政党に

……近年は一定の地域に根ざした地域政党が支持を集めている国もある

・政権を担当する政党＝❺　　　　　　　⟺❻　　　　　　　＝政権外にある政党

・政党政治の類型：❼　　　　　　　　　─→単独政権になりやすい

❽　　　　　　　─→連立政権になりやすい

(3)❾　　　　　　　　(利益集団)……集団の特殊利益のために，政府や議会に対してはたらきかける団体─→議会政治の補完的役割となる一方，国民全体の利益を損なう可能性

・アメリカ：❿　　　　　　　　　……圧力団体の代理人

・日本：⓫　　　　　　　……圧力団体や官庁と結びついた業界の代弁者

2 日本の政党政治の課題

(1)政治献金と政治腐敗への対策

・日本の多くの政党……資金面で企業や圧力団体などの外部組織に依存

・⓫　　　　　　　　による利益誘導政治や，与党内の⓬　　　　　　　の抗争

─→数々の汚職事件が発生

　　　↓

・⓭　　　　　　　　　法の改正─→企業・団体からの政治家個人への献金を禁止

・⓮　　　　　　　法：政党の活動にかかわる費用の一部を**政党交付金**として国庫から交付

・⓯　　　　　　　の強化……候補者と一定の関係にある者が買収などで有罪になった場合，候補者自身が関与していなくても当選が無効となる制度

(2)⓰　　　　　　　　　　の是非……法案の採決において，議員が所属する政党の決定に従う

─→議員の自由な発言が阻害され，国会審議を形骸化させるという批判

⟺与党内の議員の一致した行動は政権運営に必要との意見もある

3 選挙制度

(1)選挙……国民が主権者として意思表示をおこなう重要な機会

・民主的な選挙制度の原則……**普通選挙**・⓱　　　　　　　選挙・直接選挙・

⓲　　　　　　投票

サポート
議会のロビーで議員にはたらきかける活動をロビイング，その人物を❿という。

サポート
⓯の対象は，親族や秘書のほか，選挙運動の全体の責任者，費用の出納責任者など。

考察
国民の声をできるだけ政治に反映させるといった視点からは，政党の党議拘束をどのように捉えることができるのだろうか。

(2)選挙区制

①⑲＿＿＿＿＿＿制……選挙区で得票数一位の候補者が当選

⟶二大政党制になりやすいが，少数政党に不利

⟶死票が多く，全体の得票率と獲得議席に開きが生じる

②⑳＿＿＿＿＿＿制……一つの選挙区から複数の候補者が当選

③㉑＿＿＿＿＿＿制……一つの選挙区の中で，各政党の得票数に比例して議席を配分

⟶死票が少なく，民意を忠実に反映しやすい

⟶小政党が乱立して多党制になり，政権が不安定となる傾向がある

4 日本の選挙制度

(1)選挙権の拡大……1945年：第二次世界大戦後，20歳以上の男女普通選挙権が実現⟶2016年：選挙権年齢を18歳に引き下げ

(2)国政選挙のしくみ

①衆議院：㉒＿＿＿＿＿＿＿＿＿＿＿＿制（定数465人）

・289の小選挙区制と，全国11ブロックから176人を選出する拘束名簿式比例代表制（被選挙権は25歳以上）

・小選挙区と比例代表の両方に立候補できる㉓＿＿＿＿＿＿＿＿制

②参議院：全国を１つのブロックとして100人を選出する㉔＿＿＿＿＿＿＿＿比例代表制と，原則として都道府県単位の㉕＿＿＿＿＿＿＿＿選挙（一部の県は合区）

⟶定数は248人で，３年ごとに半数ずつ改選（被選挙権は30歳以上）

※比例代表制は衆議院・参議院ともに㉖＿＿＿＿＿＿方式によって配分

定数12	A党	B党	C党	D党
獲得票数	1,000票	800票	400票	200票
÷1				
÷2				
÷3				
÷4				
÷5				
獲得議席	㉗議席	㉘議席	㉙議席	㉚議席

<㉖方式による議席配分>

定数が12の選挙区で，比例代表制の選挙をおこなった場合，各政党の獲得議席はこのようになる。

A党：㉗＿＿＿議席

B党：㉘＿＿＿議席

C党：㉙＿＿＿議席

D党：㉚＿＿＿議席

(3)地方選挙……議会の議員を選出する選挙（一般選挙）と，首長を選出する選挙

・都道府県や大都市の議会選挙：地域を複数の選挙区に分け，１名または複数名を選出

・そのほかの市町村議会選挙：地域を一つの選挙区として，複数名を選出

5 日本の選挙制度の課題

(1)㉛＿＿＿＿＿＿の格差……議員定数の不均衡の問題

⟶衆議院の小選挙区で㉜＿＿＿＿＿＿＿＿方式が導入される予定

(2)選挙運動の規制の問題……立候補を届け出る前の選挙運動（事前運動）や㉝＿＿＿＿＿＿訪問，署名運動などを禁止し，ポスターやビラの使用に制限

⟵表現の自由の観点から規制を緩和すべきとの意見もある

サポート
1993年まで衆議院の選挙に導入されていた中選挙区制は，⑳制の一種である。

サポート
衆議院の重複立候補者の比例名簿順位が同じ場合，惜敗率（小選挙区における候補者の得票数÷当選者の得票数×100）が高い順に当選する。

サポート
参議院の各選挙区の定数は，都道府県の人口に応じて２～12人となっており，このうち半数ずつ改選される。また，一部，２県で１選挙区のため，全国45選挙区となっている。なお，比例区では，2019年の通常選挙から，一部の候補者が優先的に当選できる「特定枠」の設定が可能となった。

・2013年の公職選挙法改正━━➍ _____ による選挙運動が一部認められるようになった

・投票率の低下……若者の投票率を高めることが課題

　━━投票時間の延長や不在者投票，㉟ _____ 投票などの活用

・投票所が減少している地域……㊱ _____ を設置して有権者の利便性を向上させる取り組みもおこなわれている

(3)地方選挙の課題

　①無所属として立候補するが，当選後は政党と会派を結成して活動する議員が多い……政党と議員の関係がわかりにくく，選挙の争点がみえにくい

　②国政選挙と比較して低い投票率　　③無投票当選の増加

論点　─政治分野における男女共同参画を推進するためには─

・日本の議員に占める女性の割合……世界の国々と比べて少ない

　2018年：㊲ _____ 法が成立……国会や地方議会の選挙において，男女の候補者数をできる限り均等にするよう政党に求める

6　世論と民主政治

(1)選挙以外での国民の意思表明方法：請願，陳情，デモなどの大衆行動，㊳ _____ (意見公募手続)など

(2)㊴ _____ ……公共の問題に対して人々がもつ意見

　㊴ _____ 調査……結果は政権に影響力をもち，政策を大きく左右する

(3)㊵ _____ 層の拡大━━有権者の多くを占める

7　マス・メディアとソーシャル・メディア

(1)マス・メディア

　①役割：世の中で起きている事実を正確に伝えること

　　世論形成に大きな影響━━「㊶ _____ 」ともよばれる

　　……健全に機能するためには，表現の自由の確実な保障が重要

　②課題：商業主義に走って興味本位の報道をすることがある

　　　　　権力者が不利な情報を隠したり，虚偽の情報を流したりして，報道統制や㊷ _____ をおこなうことがある

(2)㊸ _____ ……ＳＮＳなどによって発信される情報が大きな影響力を及ぼすようになった

　━━事実と異なる「㊹ _____ 」などのデマや，個人のプライバシーを侵害する記事が瞬時に拡散する危険性

　　　　　　　　　　　　↓

・情報発信に必要な倫理観や能力を身につける必要

・メディアの情報を主体的に読み取り，活用する能力(㊺ _____)をもつことが必要

8　民主主義の主体としての自覚

(1)㊻ _____ の拡大……政治に関心をもたない有権者の増加━━民主主義の空洞化━━独裁政治や全体主義に抵抗できなくなる

(2)㊼ _____ に陥る危険性

　━━民主主義を支える主権者としての自覚，積極的に政治に参加する必要性

1 次の記述を読み，正しければ○を，誤っていれば×を記入せよ。

①政党政治は，制限選挙の下での大衆政党から，普通選挙の下での名望家政党へと発展した。（　　）

②二大政党制では連立政権になりやすいのに対し，多党制では単独政権になりやすい。（　　）

③比例代表制では，小選挙区制と比較して死票が少なく，民意を忠実に反映しやすい。（　　）

④参議院議員の選挙では，小選挙区と比例代表への重複立候補が認められている。（　　）

⑤衆議院議員の選挙での比例代表制では，事前に当選者の順位を決めない非拘束名簿式比例代表制が
　採用されている。（　　）

⑥一票の格差を是正する方法の１つとして，衆議院議員の小選挙区での議席数の割り当ては，人口変
　動に応じて自動的に各都道府県に割り振られるアダムズ方式が採用された。（　　）

⑦期日前投票は，選挙人名簿に登録されている居住地以外の滞在先などでも投票できる制度である。
　（　　）

⑧行政機関が法令などを定める前に，幅広く国民の意見を聞く制度を陳情という。（　　）

⑨支持政党をもたないと答える無党派層は，日本では少数派である。（　　）

⑩マス・メディアでは，個人は情報の一方的な受け手となる場合が多いのに対し，ソーシャル・メディ
　アでは，個人は情報の受け手としてだけではなく，情報の送り手となる場合も多い。（　　）

2 資料「大きなニュースの情報源（世代別）」についての世論調査の結果から読み取ることができること
　として適当なものを，次の①〜④のうちから一つ選べ。

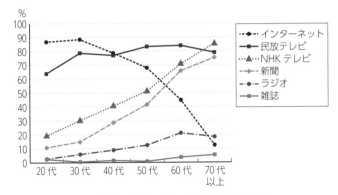

↑メディアに関する世論調査（2019年11月）（新聞通信調査会）

①ラジオから情報を入手する割合が各年代とも最も低い。

②ＮＨＫテレビ・民放テレビから情報を入手する割合は，40代を超えると，一定となる。

③20代〜40代では，すべての情報源の中でインターネットから情報を入手している割合がもっとも高い。

④新聞による情報の入手は，50代の割合が最も高く，20代が最も低い。

（　　）

1 日本における現在の制度の記述として誤っているものを，次の①〜④のうちから二つ選べ。

①衆議院議員の選挙では，複数の小選挙区に立候補する重複立候補が認められている。

②投票日に投票できないなどの事情がある有権者のために，期日前投票制度が導入されている。

③国が一定の条件を満たした政党に対して，政党交付金による助成をおこなうしくみがある。

④政党に対する企業の献金は，一切禁じられている。（　・　）

2 1950年以降の日本の政党政治の変遷について，次の①〜④の出来事を古いものから順に並べよ。

①自由民主党・日本社会党・新党さきがけによって，三党の連立内閣が成立した。

②日本新党の細川護熙を首相とする「非自民」連立内閣が成立した。

③参議院議員通常選挙で民主党が敗北し，いわゆる「ねじれ国会」となった。

④日本社会党が統一されたのに続き，自由民主党が成立した。（　　→　　→　　→　　）

13 諸課題へのアプローチ
主権者としての政治参加のあり方

課題 1 　若者や現役世代の投票率を高めるためには，どのような工夫が必要だろうか。

1 若者や現役世代の投票率の低下がもたらすこと

(1)教科書 p.62の資料■「衆議院議員総選挙での年代別投票率の推移」から，近年の特徴として読み取れ
ることを記述しよう。

（2）高齢者の政治への影響力が高まる現象は「シルバー民主主義」とよばれる。若者や現役世代の意見が反
映されにくくなるということは，具体的にはどのようなことが考えられるだろうか。

2 なぜ棄権するのだろうか？

・教科書 p.62の資料☑「棄権した理由」から，18～20歳代の棄権した理由の特徴をふまえて，投票率を
あげるための改善策を考えてみよう。

3 投票に行きやすいしくみや工夫とは？

・インターネットでの投票を望む声がある。インターネット投票の長所と短所は何だろうか。

説明しよう

・投票率を高めるためには，どうすればよいのだろうか。また，投票を義務化することについては，ど
のように考えるだろうか。外国の事例なども参考に自分の考えを説明してみよう。

1　政治に民意を反映させる方法

(1)少数派からの代表者を選出するためには，どのような選挙の方式があるだろうか。

(2)決選投票の方式を取り入れたり，候補者を点数づけして決めたりすると，単純多数決とどのような点で異なる結果となるのだろうか。その理由も含めてそれぞれ考えてみよう。

2　少数者の権利や意見を尊重する必要性

(1)トクヴィルが指摘した「多数者の専制」とは，どのようなことをいうのだろうか。

(2)「多数者の専制」を防止するためには，どのような制度が必要なのだろうか。教科書 p.63の資料『アメリカのデモクラシー』の一節から読み取れることを考えてみよう。

（　　）

3　合意形成のためにどのようなルールや工夫が必要か？

・教科書 p.63の資料**5**「エネルギー政策をめぐる討論型世論調査」から，読み取れることを説明しよう。

説明しよう

(1)民意を政治に反映させるためには，どのような方法があるのだろうか。自分の考えを説明してみよう。

(2)熟議の場で合意形成を図るためには，どのようなルールや工夫が必要だろうか。自分の考えを説明してみよう。

14 演習問題①

問1　権力分立に関連する記述として誤っているものを，次の①〜④のうちから一つ選べ。 知・技

①裁判所による違憲審査制について，日本は抽象的違憲審査制を採用しており，裁判所が具体的な事件の訴訟とは無関係に，法令や国家行為の合憲性を問う。

②大統領制は，二元代表制により，行政府と立法府のそれぞれに国民の民意を直接反映しやすい反面，大統領の支持政党が必ずしも議会の多数派になるとは限らない。

③議院内閣制とは，行政権を行使する内閣の基盤を立法機関である議会からの信任に求める制度であり，日本国憲法でも採用されている。

④アメリカ合衆国憲法は厳格な権力分立制を採用しており，フランスの思想家であるモンテスキューの影響がみられる。　　　　　　　　　　　　　　　　　　　　　　　　　　　　（　　　）

問2　議会制度や政党に関連する記述として最も適当なものを，次の①〜④のうちから一つ選べ。 知・技

①法案の採決にあたって，政党が所属議員に対して政党の決定に従うことを要求する党議拘束は，日本の国会で禁止されている。

②20世紀初頭に結成されたイギリスの労働党は，議会制を否定して，革命による社会主義の実現をめざしている。

③先進国では，普通選挙制度の導入によって選挙権が拡大し，大衆民主主義が成立したことで，教養や財産などをもつ少数の有力者によって構成される名望家政党が登場した。

④比例代表制は死票が少なく，民意を忠実に反映しやすいとして，日本の衆議院議員総選挙では小選挙区制と組みあわせた形で採用されている。　　　　　　　　　　　　　　　　　　（　　　）

問3　私法に分類される法律として正しいものを，次の①〜⑤のうちからすべて選べ。 思・判・表

①民事裁判における手続きについて定めた法律

②私的独占の禁止や，不当な取り引き制限の禁止などについて定めた法律

③地方公共団体の組織および運営について定めた法律

④成年年齢について定めた法律

⑤株式会社に関する規定を定めた法律　　　　　　　　　　　　　　　　　　　　（　　　　　）

問4　権利の拡大および救済をめぐって，日本で導入された制度や法律に関する記述として誤っているものを，下の①〜④のうちから一つ選べ。 知・技

①障害者差別解消法では，障害者に対する不当な差別的取り扱いを禁止するとともに，障害者への合理的配慮に努めるよう，国や企業などに求めている。

②犯罪被害者や遺族が刑事裁判に出席し，被告人や証人への質問や，量刑について意見を述べることができる被害者参加制度が導入された。

③アイヌ文化振興法に代わって制定されたアイヌ施策推進法は，法律上はじめてアイヌを先住民族として明記した。

④本人の知らないところで個人情報が収集・蓄積・利用されたり，第三者に提供・漏えいされたりする危険から守るために，知的財産基本法が制定された。　　　　　　　　　　　　（　　　）

問5　日本国憲法における社会権について説明した次の記述A〜Cのうち，正しいものはどれか。当てはまる記述の組みあわせとして最も適当なものを，下の①〜⑦のうちから一つ選べ。 思・判・表

　A　プログラム規定説によれば，憲法第25条の生存権は国民が国家に対して積極的な施策を請求することができる具体的権利である。

　B　憲法第26条は，ひとしく教育を受ける権利を保障する教育の機会均等を定めている。

　C　憲法第28条に定められている団結権は，労働基準法の各条文で詳細に保障されている。

　①A　　②B　　③C　　④AとB　　⑤AとC　　⑥BとC　　⑦AとBとC　　　（　　　）

問6　国会に関する記述として正しいものを，次の①〜④のうちからすべて選べ。 知・技

　①在任中の国務大臣を罷免する際には，国会の同意が必要となる。

　②国会は，最高裁判所長官の指名と，そのほかの裁判官の任命をおこなう。

　③衆議院で可決された予算を参議院が否決し，両院協議会を開いても意見が一致しないときは，衆議院の議決が国会の議決となる。

　④国会には，罷免の訴追を受けた裁判官を裁判するために，両議院の議員で組織する弾劾裁判所を設置する権限がある。　　　　　　　　　　　　　　　　　　　　　　　　　　　（　　　）

問7　地方公共団体に関する次の記述A〜Cのうち，正しいものはどれか。当てはまる記述をすべて選び，その組みあわせとして最も適当なものを，下の①〜⑦のうちから一つ選べ。 知・技

　A　地方公共団体の選挙管理委員会は，国政選挙の事務をおこなうことはない。

　B　都道府県の監査委員は，公正取引委員会に所属している。

　C　地方公共団体の義務教育の経費に，国庫支出金が使われる。

　①A　　②B　　③C　　④AとB　　⑤AとC　　⑥BとC　　⑦AとBとC　　　（　　　）

問8　日本国憲法が保障する地方自治についてまとめた以下の文章中の空欄　ア　〜　ウ　に当てはまる語句の組みあわせとして最も適当なものを，下の①〜⑧のうちから一つ選べ。 思・判・表

日本国憲法第92条は，「地方公共団体の組織及び運営に関する事項は，地方自治の本旨に基いて，法律でこれを定める」としている。ここでいう地方自治の本旨は，団体自治と住民自治の原理で構成される。団体自治は，国から自立した団体が設立され，そこに十分な自治権が保障されなければならないとする　ア　的要請を意味するものである。住民自治は，地域社会の政治が住民の意思に基づいておこなわれなければならないとする　イ　的要請を意味するものである。国から地方公共団体への権限や財源の移譲，そして国の地方公共団体に対する関与を法律で限定することなどは，直接的には　ウ　の強化を意味するものということができる。

　①ア−集権　イ−自由主義　ウ−住民自治　　　②ア−集権　イ−自由主義　ウ−団体自治

　③ア−集権　イ−民主主義　ウ−住民自治　　　④ア−集権　イ−民主主義　ウ−団体自治

　⑤ア−分権　イ−自由主義　ウ−住民自治　　　⑥ア−分権　イ−自由主義　ウ−団体自治

　⑦ア−分権　イ−民主主義　ウ−住民自治　　　⑧ア−分権　イ−民主主義　ウ−団体自治

　　　　　　　　　　　　　　　　　　　　　　　　　　　　　　　　　　　　　（　　　）

問9　日本の刑事裁判に関連する記述として正しいものを，次の①〜④のうちから一つ選べ。 知・技

　①警察にある留置場を拘置所の代用とする代用刑事施設（代用監獄制度）は，廃止されている。

　②抑留・拘禁の後に無罪判決が確定した者には，国に補償を求める刑事補償請求権が認められている。

　③刑罰の適用年齢は14歳に引き下げられているが，14歳未満の少年の少年院送致は認められていない。

　④重大な刑事事件の第一審および控訴審においては，裁判員制度が導入されている。　　　（　　　）

15 経済活動と市場①
［経済活動と資本主義経済体制］

サポート
❹とは生産過程を役割分担することをいう。⓮は，❹によって生産性が向上すると説いた。

サポート
たとえば，高校卒業後の進路選択において大学進学を選んだとき，就職を選んだ場合に得られたであろう給与所得が，大学進学の⓾である。しかし，大学に進学すれば，勤続年数は減るかもしれないが賃金水準は高くなるかもしれない。

考察
生活上のさまざまな選択の場面では，費用のみを考えて選択した場合と，費用だけでなく機会費用も考えて選択した場合とでは，どのように異なる結果をもたらすことになるのだろうか。

サポート
⓰国家とは，ドイツの政治学者・ラッサールが自由主義国家を批判する際に用いたことば。

サポート
『㉑』は，エンゲルスの協力も得て編集・刊行された。

1　経済とは何か
(1)経済とは
  ・❶＿＿＿＿＿……形のある生産物　　例)テレビ，自動車など
  ・❷＿＿＿＿＿＿＿……形のない生産物　　例)医師の治療など
  ──→これらを生産・流通・❸＿＿＿＿＿するしくみ＝経済
(2)経済のしくみの変遷
  ・自給自足──→不足するものは物々交換──→貨幣による取り引き──→❹＿＿＿
  　　　　　　・協業によって生産が効率化

2　経済の役割と経済的選択
(1)生産要素……❺＿＿＿＿＿　　　・労働力・資本
  ・資源の❻＿＿＿＿性が存在──→資源をどのように利用するかという❼＿＿＿＿をおこなう
  ・経済の役割……❼＿＿＿＿＿の結果，資源の最適配分を実現すること
(2)❽＿＿＿＿＿＿＿＿……あるものを生産すれば，その分ほかのものを生産するために生産要素を利用できなくなるなど，何かを達成するためには，ほかの何かを犠牲にしなければならない関係のこと
(3)より効率的・合理的な❼＿＿＿＿＿のために
  ・生産や消費から得られる**便益**(収入や効用)と，それにかかる❾＿＿＿＿(コスト)を勘案
  ・⓾＿＿＿＿＿＿……あることを❼＿＿＿＿したときに，ほかのことを諦めたために失われた最大の利益

3　資本主義経済と社会主義経済
(1)資本主義経済の特徴
  ①資本家による，生産手段の⓫＿＿＿＿＿
  ②市場経済における⓬＿＿＿＿＿
  ③企業による⓭＿＿＿＿＿(利益)の獲得
(2)⓮＿＿＿＿＿＿＿＿(英，1723〜90)の経済思想
  ・主著：『国富論(諸国民の富)』(1776年)……重商主義政策を批判
  ・自由な経済活動──→「⓯＿＿＿＿＿手」──→社会が調和
  ・国家は国民の経済活動に干渉せず，国防・司法・公共事業など最小限の活動に限るべき＝⓰＿＿＿＿国家観──→「安価な政府」(⓱＿＿＿＿政府・消極国家)が理想
  ・⓲＿＿＿＿＿＿政策(レッセ・フェール)……民間の自由な経済活動に対する政府の保護や干渉を排除すること
(3)社会主義経済の特徴
  ①生産手段の**社会的所有**(国有などの公有)
  ②国家による⓳＿＿＿＿＿経済……政府が市場全体の資源配分を管理
(4)⓴＿＿＿＿＿(独，1818〜83)の経済思想
  ・主著：『㉑＿＿＿＿＿＿』(1867〜94年)…資本主義経済を批判的に分析

(5)社会主義国家の現状

・中国：❷_____……政治的には社会主義体

制を維持しつつも市場経済を導入（1990年代～）

・ベトナム：❷_____政策導入（1980年代後半）──→経済的には

資本主義を導入

4 資本主義経済の弊害と変容

(1)資本主義経済の問題点

①市場の❷_____……市場機構が機能しない状態

・自由競争下において，各企業は❷_____（規模の経済，

スケール・メリット）を追求

──→❷_____（マーケットシェア）の拡大をめざして競

争──→独占・❷_____の発生

②激しい景気変動……生産の停滞や需要の減少による不況の発生

③貧富の差の拡大……巨額の利益を得る資本家と困窮する労働者

──→1929年に世界❷_____が発生──→フランクリン＝ローズベルト米

大統領による❷_____政策

(2)❸_____（英，1883～1946）の経済思想

・主著：『雇用・利子および貨幣の一般理論』（1936年）

・❸_____の原理……不況下において，生産水準は一国全体の

❸_____（総需要）の大きさで決まるという考え方

──→失業をなくして完全雇用を実現するために，政府は❸_____

_____をおこない❸_____を創出すべき

・❸_____主義……市場原理の利点を生かしつつ，政府が積極

的に経済に介入して，資本主義経済の課題を解決すべきという考え方

5 経済政策のあり方と課題

(1)❸_____体制……私的経済部門と公的経済部門が併存

(2)政府の役割の変容

・❸_____国家……社会保障制度を拡充し，所得再分配や景気の安定化

などさまざまな役割を担う国家──→❸_____政府（積極国家）

──→財政赤字，物価上昇などの新たな弊害も

(3)❸_____主義……❸_____政府による弊害を解消するため

に，市場機構を重視して⓱_____政府をめざす考え方

・アメリカ：レーガン大統領による❸_____

・イギリス：サッチャー首相による❸_____

・日本：中曽根首相の三公社民営化，⓴_____首相の郵政民営化

(4)⓯_____（米，1912～2006）の経済思想

・経済は市場を通じて調整されるため，❸_____の主張するよ

うな裁量的な政策介入には意味がないと主張

──→自由競争の利点を強調する❷_____の一人

サポート
世界❷により，アメリカ
の失業率は1993年に25％
をこえる程の深刻な状況
となった。なお，社会主
義経済体制をとっていた
ソ連は，⓲経済によって
世界❷の影響を受けなか
った。

サポート
❸とは，貨幣の支出をと
もなう需要であり，家計
の消費・企業の投資・政
府支出・純輸出（輸出－
輸入）の合計である。

サポート
❸には乗数効果があると
いわれる。これは，❸自
体が景気拡大につながる
というだけでなく，❸に
より個人の所得が増加し，
それにより消費活動が促
進され，最終的に国内総
生産を増大させるという
ことである。

1 次の記述を読み，正しければ〇を，誤っていれば×を記入せよ。

①マルクスは『資本論』の中で，自由な競争が経済活動を促し，社会的な調和をもたらすと説いた。

（　　）

②ケインズは『雇用・利子および貨幣の一般理論』の中で，不況の克服には経済成長の原動力となるイノベーションが必要であると主張した。

（　　）

③アダム＝スミスは『国富論』の中で国家による経済介入を批判するとともに，貿易による富の獲得のために重商主義政策を推進した。

（　　）

④フリードマンを中心とするマネタリストは，新自由主義的な立場からケインズの裁量的財政政策を批判した。

（　　）

2 図は，政府の役割の変遷について示したものである。A〜Fに当てはまる語句として最も適当なものをア〜サの中から選べ。

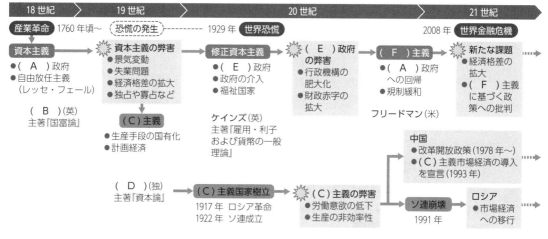

ア．大きな　　　イ．小さな　　　ウ．独占資本　　　エ．社会　　　オ．重商　　　カ．新自由

キ．権威　　　ク．シュンペーター　　　ケ．アダム＝スミス　　　コ．マルクス　　　サ．サッチャー

A（　　）　　B（　　）　　C（　　）　　D（　　）　　E（　　）　　F（　　）

◤◤◤◤◤◤◤◤◤ **チャレンジ** ◢◢◢◢◢◢◢◢◢

1 経済にかかわる次の①〜④のできごとを古いものから順に並べよ。

①アメリカの株価暴落をきっかけに世界恐慌が発生し，多数の失業者が出た。これを機に，各国は自国産業を守るために高い関税をかけるなど，世界的に保護貿易の流れが生まれた。

②経済のグローバル化により，革新的な財やサービスが世界中に普及した。一方で，大国を中心に一国の経済危機や金融危機が世界中を巻き込む時代ともなった。

③産業革命がイギリスで最初に達成され，熟練工などの労働者たちの中には職を失う者もいた。労働者たちは失業の理由を機械の導入であるとし，「ラッダイト運動」などの労働運動を起こした。

④社会主義思想は科学的な思想へと発展し，ロシア革命を経て，社会主義国家であるソビエト連邦が誕生した。

（　　→　　→　　→　　）

経済活動と市場②
[市場のしくみ]

1 市場機構

(1)市場における財・サービスの価格……❶＿＿＿(Demand)と❷＿＿＿(Supply)の関係で決定

・価格の❸＿＿＿機能(市場機構)……価格の変動によって，需要量と供給量が一致するしくみ

⟶需要量と供給量が一致したときの価格＝❹＿＿＿価格

※これが正しく機能するには，❺＿＿＿市場の下で価格が変動することが前提

(2)市場の種類

・労働市場……需給の関係により，賃金が決まる

・❻＿＿＿市場……需給の関係により，金利が決まる

・❼＿＿＿市場……需給の関係により，為替レートが決まる

①需要曲線と供給曲線　※❿⓫には「上昇」か「下落」を記入せよ

右図で，曲線Dは❽＿＿＿曲線，曲線Sは❾＿＿＿曲線である

①価格が P_1 の場合

需要量＞供給量⟶品不足が発生

⟶価格が❿＿＿＿

②価格が P_2 の場合

需要量＜供給量⟶売れ残りが発生

⟶価格が⓫＿＿＿

価格
曲線D
曲線S
P2
P0
P1
均衡点
0
Q
数量

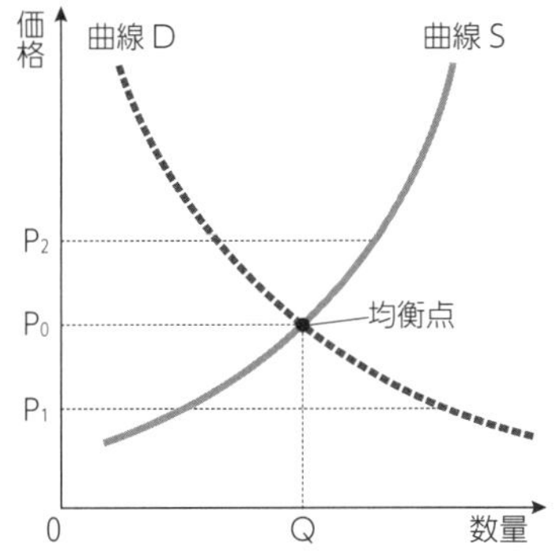

このような価格変化により需給量は調整され，最終的に一致

2 需要と供給の変化とその誘因

■同じ商品を扱う市場は一つとは限らない

⟶価格などの条件の違いが⓬＿＿＿(誘因)となり，市場参加者の行動が変化⟶需要と供給の関係も変化

②需要・供給曲線の移動と均衡価格の変化

＜需要曲線のシフト＞　※⓭～⓯には「↑」か「↓」，⓰・⓱には「上昇」か「下落」を記入せよ

需要曲線が右(上)に移動する要因

・財の人気：⓭＿＿＿

・所得：⓮＿＿＿

・人口：⓯＿＿＿

均衡価格はPから P_1 に⓰＿＿＿

⟶需要量と供給量は増大

※逆の場合は，需要曲線が左(下)に移動⟶均衡価格は⓱＿＿＿

⟶需要量と供給量は低下

価格
需要曲線(D)
供給曲線(S)
P1
P
0
Q
数量

考察

さまざまな市場の特徴を調べて，その共通点と相違点について比較してみよう。

サポート

市場機構は，価格機構・市場メカニズム・価格メカニズムともよばれる。

サポート

労働市場では，企業による求人が需要側，求職者が供給側となる。

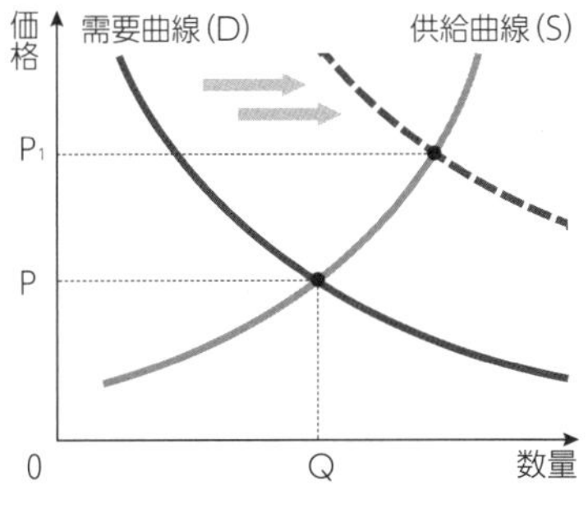

サポート
たとえば，技術革新により生産技術が向上すれば，生産物1単位あたりのコストが安くなる。この場合，以前と同じコストで以前よりも多く生産できるようになるため，供給曲線は右に移動する。

＜供給曲線のシフト＞　※⑱～㉑には「↑」か「↓」，㉒・㉓には「上昇」か「下落」を記入せよ

供給曲線が右（下）に移動する要因

・原材料費：⑱＿＿＿＿

・賃金：⑲＿＿＿＿

・税率：⑳＿＿＿＿

・生産性：㉑＿＿＿＿

均衡価格はPからP₂に㉒＿＿＿＿

　　──→需要量と供給量は増大

　※逆の場合は，供給曲線が左（上）に

　　移動──→均衡価格は㉓＿＿＿＿　　──→需要量と供給量は低下

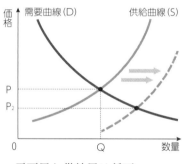

＜二国間での市場の変化＞　※㉖～㉛には「右」か「左」を記入せよ

二国間の賃金の差──→財市場や労働市場に影響を与える

　例）A国の方がB国よりも賃金が高い場合

　・企業は，㉔＿＿＿＿国に生産拠点を移す

　・労働者は，㉕＿＿＿＿国に移動する

　　↓

　［財市場］

　A国：供給曲線が㉖＿＿＿＿に移動

　B国：供給曲線が㉗＿＿＿＿に移動

　［労働市場］

　A国：需要曲線が㉘＿＿＿＿に，供給曲線が㉙＿＿＿＿

　　　　＿＿＿＿に移動

　B国：需要曲線が㉚＿＿＿＿に，供給曲線が㉛＿＿＿＿

　　　　＿＿＿＿に移動

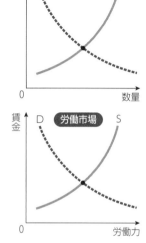

＜需要の価格弾力性＞

価格弾力性が大きいほど，価格が変わると需要が大きく変化する

　・生活必需品，代替品がないもの

　　…価格弾力性は㉜＿＿＿＿

　・ぜいたく品，代替品があるもの

　　…価格弾力性は㉝＿＿＿＿

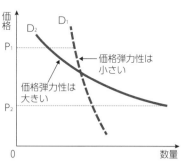

サポート
生活必需品が値上げされたとしても，消費者は購入せざるを得ない。しかし，ぜいたく品のような無理に購入する必要のないものが値上げされた場合，消費者は買い控える傾向にある。

FILE **経済活動における家計と企業の選択**

①家計……㉞＿＿＿＿活動の主体

　・トレードオフの関係を考慮しながら，効用を最大化しようとする

②企業……㉟＿＿＿＿活動の主体

　・規模の経済・規模の不経済を考慮しながら，利潤の最大化を図り，生産の効率化をめざす

1　次の記述を読み，正しければ〇を，誤っていれば×を記入せよ。

①需要量と供給量が一致したときの価格を，市場価格という。　　　　　　　　　（　　）

②株価は企業の業績によって変動し，株式の需要と供給の関係で変動するわけではない。　（　　）

③企業は，高い価格で売れるなら多くの生産をおこなおうとするため，供給曲線は右下がりの曲線となる。　　　　　　　　　　　　　　　　　　　　　　　　　　　　　　　　　　（　　）

④価格以外の条件が変化すれば，需要・供給曲線はシフトし，それにともなって均衡価格も変化する。　　　　　　　　　　　　　　　　　　　　　　　　　　　　　　　　　　　　　（　　）

⑤商品のブームが過ぎて人気が落ちた場合，需要曲線は左にシフトする。　　　　　（　　）

⑥原材料費が値上がりした場合，供給曲線は左にシフトする。　　　　　　　　　　（　　）

2　需要と供給に関する次の問いに答えよ。

(1)図のA～Cに当てはまる語句を答えよ。

A（　　　　　）　　　　B（　　　　　）

C（　　　　　）

(2)売り手・買い手が多数存在しており，参入や撤退が自由な市場を何というか答えよ。

（　　　　　　　　　）市場

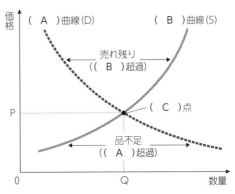

1　図の曲線D・Sが右に移動する要因として正しいものを，次のア～クのうちからそれぞれ二つずつ選べ。

ア．消費者の所得が減少した。

イ．消費者の所得が増加した。

ウ．技術革新によって，生産費用が低下した。

エ．原材料費が上がり，生産費用が増加した。

オ．商品への課税税率が上昇した。

カ．商品への課税税率が低下した。

キ．財・サービスの人気が上昇した。

ク．財・サービスの人気が低下した。

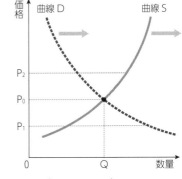

曲線Dが右に移動する要因（　　・　　）　　　　曲線Sが右に移動する要因（　　・　　）

2　市場や需要・供給に関する記述について誤っているものを，次の①～④のうちから一つ選べ。

①労働市場では，雇用主が需要側，求職者が供給側となる。

②円やドルなどの通貨が取り引きされる市場を外国為替市場という。

③通常，需要・供給曲線には傾きがあるが，コンサートなどのように収容人数や価格が一定の場合は，供給曲線が垂直になることもある。

④需要・供給曲線の傾きは価格弾力性によって左右される。価格弾力性が大きいほど，価格が変わると需要量は大きく変化し，需要曲線の傾きは急になる。　　　　　　　　　　　（　　）

17 経済主体と経済循環

よみとき
教科書 p.72資料**1**の中の，財・サービス，公共サービス，租税，補助金の例として，具体的にどのようなものがあるのだろうか。

1　三つの経済主体

(1)経済主体
- 家計……**❶**＿＿＿＿＿＿活動の主体┐
- 企業……**❷**＿＿＿＿＿＿活動の主体├──相互に財・サービスを取り引き
- 政府……**❸**＿＿＿＿＿＿活動の主体┘
- ──**❹**＿＿＿＿＿＿＿＿＿＿……三つの経済主体による経済活動の流れ

(2)家計の活動
- 企業が生産した財・サービスを**❶**＿＿＿＿＿＿
- 企業に土地・**❺**＿＿＿＿＿・資本などの**❻**＿＿＿＿＿＿＿＿を提供
  - ──対価として賃金，配当，利子などの所得を得る
    - ・**❼**＿＿＿＿＿所得：所得から税金や社会保険料を差し引いたもの
    - ・**❽**＿＿＿＿：**❼**＿＿＿＿所得から消費を引いたもの
      └預金，保険，株式，社債の購入──企業へ資本として提供
       ❾＿＿＿＿の購入──政府へ資本として提供
- 所得の制約の下で最大限の効用が得られるように，財・サービスを選択

(3)企業の活動
- 家計から資本を調達し，財・サービスを**❷**＿＿＿＿＿
  - ──**❿**＿＿＿＿（利益）を得る
    └売上高から人件費，設備や原材料の購入費，法人税などを引いたもの
- 株式会社の場合
  - **❿**＿＿＿──株式の保有者(**⓫**＿＿＿＿＿)に配当の形で分配──残りは**⓬**＿＿＿＿＿(利益剰余金)として会社の資本となる

(4)政府の活動
- **❸**＿＿＿＿活動
  - 収入(歳入)：**⓭**＿＿＿＿，公債，社会保険料など
  - 支出(歳出)：**⓮**＿＿＿＿＿＿(インフラストラクチャー)の整備，警察・消防・教育，社会保障給付など
  - ──景気の調整，経済的格差の是正

(5)新たな経済主体
- ボランティア団体，**⓯**＿＿＿＿＿(非営利組織)，**⓰**＿＿＿＿法人(財団法人，社団法人など)
  - ──営利を目的とせずに活動し，社会問題の解決に向けて，**⓱**＿＿＿＿＿・ビジネスに取り組む

2　企業の種類

(1)企業の種類
- ①**⓲**＿＿＿＿……国や地方公共団体が出資・経営する企業。国営企業・公社・**⓳**＿＿＿＿＿法人・地方公営企業・公庫
  - ──国営企業や公社は廃止・民営化が進む

サポート
❼所得のうち，消費にあてる割合を消費性向といい，同様に貯蓄にあてる割合を貯蓄率という。

サポート
民間企業が提供しない財・サービスは，政府が公共財・公共サービスとして提供する。**⓮**や警察などがその例であり，これらは，非排除性(対価を支払わない者を排除できないという性質)と非競合性(多くの人が同時に消費できるという性質)をもつ。

サポート
⓳法人の例として，国立印刷局や造幣局がある。

②⑳＿＿＿＿＿＿……民間人が営利のために出資・経営する企業

　┌個人企業：個人商店，農家など

　└㉑＿＿＿＿＿企業┬会社企業：株式会社など

　　　　　　　　　└㉒＿＿＿＿企業：農協など

③㉓＿＿＿＿＿＿＿……政府と民間の共同出資による企業。Ｎ

　ＴＴ・ＪＴ・日本銀行など

(2)会社企業の形態

　①㉔＿＿＿＿＿会社……㉕＿＿＿＿＿責任の株主(1人以上)

　②㉖＿＿＿＿＿会社……無限責任社員と有限責任社員(各1人以上)

　③合名会社……無限責任社員(1人以上)

　④㉗＿＿＿＿＿会社……有限責任社員(1人以上)

(3)会社法(2005年制定)

　・㉔＿＿＿＿＿会社設立の際の資本金の下限が廃止

　・㉗＿＿＿＿＿会社の設立が可能に➡㉘＿＿＿＿＿＿・ビジネ

　スなどの起業が容易に

　・㉙＿＿＿＿＿会社の新設が不可に(既存のものは特例㉙＿＿＿＿＿会社と

　して存続可)

論点 －公企業の役割と民営化の意義とは－

・公企業のかかえる問題……財政赤字の増加など──➡民営化が進む

　1980年代：三公社(電電公社・専売公社・㉚＿＿＿＿＿＿)の民営化

　2000年代：特殊法人の統廃合，道路公団の民営化，郵政民営化

　近年：指定管理者制度や㉛＿＿＿＿＿＿……コスト削減や効率化を目的に，

　　民間企業やＮＰＯに行政サービスを委託すること

　　　　──➡料金の値上げやサービスの質の低下を懸念する声も

3　株式会社のしくみ

■**株式会社**……**株式**を発行し，これによって集めた資本金で設立・運営。公開

　されている株式は誰でも購入可能

　・⑪＿＿＿＿＿……株式の保有者＝株式会社の所有者(会社への出資者)

　・㉜＿＿＿＿＿……株式会社の最高意思決定機関

　──➡⑪＿＿＿＿＿は1株につき1票の議決権をもち，会社を経営する㉝＿＿＿＿

　　＿＿＿や，会社の会計などを監査する㉞＿＿＿＿＿＿を選出

　・㉟＿＿＿＿と㊱＿＿＿＿＿の分離……会社の㉟＿＿＿＿者と㊱＿＿＿

　　者が異なること──➡広く大衆からの資本調達が可能

4　株式市場の役割

(1)株式市場……株式の売買をおこなう市場

　・㊲＿＿＿＿＿(株式公開)……市場で株式の売買をできるようにすること。

　証券取引所が定める基準を満たすと認められる

　　──➡社会的信用を獲得すると同時に，株式市場で株式の追加発行(㊳＿＿＿

　　＿＿＿)が可能になる

(2)㉘＿＿＿＿＿＿＿キャピタル……成長が期待される中小企業などへの

　出資・投資をおこなう投資会社

　・㉘＿＿＿＿＿＿企業を対象とした㊴＿＿＿＿＿株式市場も設立

サポート
合併・買収の手段として，ＴＯＢ（株式公開買いつけ）がある。証券取引所を通さずに不特定多数から株式を買い集めることができるため，手間がかからないなどのメリットがある。

サポート
公益通報者保護法（2004年制定）により，❺⓪をした者が不利益を被らないように保護されている。

(3)株式の売買
- 投資家……株式を売買する主体。個人，一般企業，❹⓪＿＿＿＿＿＿＿＿（金融機関，年金基金など）
- 他企業の株式を取得し，**合併・買収**（❹①＿＿＿＿＿＿＿）
  → ❹②＿＿＿＿＿＿＿＿＿＿＿＿（複合企業）も出現
- 日本の株式市場の現状……企業集団内での株式持ちあいの解消が進む
- ❸⑦＿＿＿＿＿＿企業は会計情報の適切な開示が求められる
- ❹③＿＿＿＿＿＿＿＿＿取引の禁止
  └会社の内部情報を知る者が，一般の投資家が知ることのできない非公開の情報を利用して株式の取り引きをおこなうこと
- ❹④＿＿＿＿＿＿……株式の価格。会社の業績の予測，投資家の心理的要因などによって，株式に対する需要が変化することで変動

5 **企業統治の実現をめざして**

(1)経営者と株主との間の情報の❹⑤＿＿＿＿＿＿＿＿……経営者は，株主に比べて多くの情報を保有している
- 経営に対する監督が行き届かないことで，経営者が私利私欲に走るなど，道徳的危険（❹⑥＿＿＿＿＿＿ハザード）が生じる可能性→**株主代表訴訟**を起こした例も

(2)企業統治（❹⑦＿＿＿＿＿＿＿＿＿＿＿）
……企業が利害関係者（❹⑧＿＿＿＿＿＿＿＿）の利益に反する行動をとらないように，株主らが経営を監視すること
- 情報公開（❹⑨＿＿＿＿＿＿＿＿＿）の適正化
- 経営陣を監督する社外取締役の設置
- ❺⓪＿＿＿＿＿＿制度……組織内の不正を報告するための制度

6 **企業の社会的責任**

(1)企業の社会的責任（❺①＿＿＿＿＿＿）……企業は，利潤の最大化のために生産活動に従事すると同時に，**法令遵守**（❺②＿＿＿＿＿）を徹底するなど，みずからの活動が社会に及ぼす影響に配慮しなければならない
  →環境，福祉，人権などの社会的問題への積極的な対応が求められる
- 環境保全への取り組み→**国際標準化機構**（❺③＿＿＿＿＿＿）認証の取得
- ❺④＿＿＿＿＿＿＿＿＿……地域でのボランティア活動などの慈善事業
- ❺⑤＿＿＿＿＿＿……芸術・文化への支援活動

(2)企業倫理と投資のあり方
- 社会的責任投資（❺⑥＿＿＿＿＿＿）……企業倫理に従って活動している企業に投資すること→投資家が企業に社会的責任を促す
- ❺⑦＿＿＿＿＿＿投資……環境・社会・企業統治の３つの観点に配慮した企業に対して投資すること

1　次の記述を読み，正しければ○を，誤っていれば×を記入せよ。

①家計は，企業に対して労働力などの生産要素を提供し，その対価として賃金を得る。　（　　）

②所得が変化しないにもかかわらず，保有する土地や株式の価格が上昇することで家計の消費が増加
する効果を資産効果という。　（　　）

③農協などの組合企業は公企業に含まれる。　（　　）

④会社法における「社員」とは，その企業で働いて賃金を得る従業員のことをいう。　（　　）

⑤株主総会では，保有する株式の数にかかわらず，株主1人あたり1票の議決権を有する。　（　　）

⑥インサイダー取引とは，小規模企業における親族内株式の移転を意味する。　（　　）

⑦公益通報者保護法における保護の対象は，民間企業の従事者に限定されている。　（　　）

2　図は，経済活動の流れについて示したものである。①〜⑤に当てはまる語句を，下の語群から選んで答えよ。

【語群】

租税	代金	土地	賃金	社会保障

①（　　　　　　　　　　）

②（　　　　　　　　　　）

③（　　　　　　　　　　）

④（　　　　　　　　　　）

⑤（　　　　　　　　　　）

1　企業について述べた記述について正しいものを，次の①〜④のうちから一つ選べ。

①合名会社は，1人以上の有限責任社員により設立できる。

②株式会社を設立するには，1,000万円以上の資本金が必要である。

③会社法の制定によって，合資会社という新しい種類の会社を設立できるようになった。

④現在，有限会社を新たに設立することはできない。　（　　）

2　株式と社債についての記述として正しいものを，次の①〜④のうちから一つ選べ。

①株式を発行して資金を調達した企業は，その経営状態にかかわらず，発行時に決めた配当を株主に払い続けなければならない。

②企業の株式を購入した者は，その企業が倒産した場合，企業の負債が消滅するまで，購入した株式の比率に応じて返済する義務を負う。

③社債を発行して資金を調達した企業は，株式の発行による場合とは異なり，期限が到来すれば社債を償還しなければならない。

④企業の社債を購入した者が，その企業から受け取ることができる利息は，企業の経営状態によって変動する。　（　　）

3　次の①〜⑥を，それぞれ私企業・公企業・公私合同企業に分類せよ。

①株式会社　　②造幣局などの独立行政法人　　③上下水道などの地方公営企業

④日本銀行　　⑤NTT　　⑥農家

私企業（　　　　　　　　）　　公企業（　　　　　　　　）　　公私合同企業（　　　　　　　　）

18 国民経済の大きさと経済成長 / 物価と景気変動

サポート
金融資産は❷には含まれない。たとえば預金は，預金者にとってはプラスだが，借り手にとってはマイナスの資産（負債）となり，一国全体でみれば相殺されるためである。

考察
国内総生産は中間生産物の額を含まないのは，なぜだろうか。また，中間生産物には，原材料や燃料以外に，どのようなものがあるのだろうか。

1 ストックとフロー

・一国の経済指標

①❶＿＿＿＿＿＿＿＿＿＿＿＿＿＿＿……ある一時点での蓄積された資産

　例）❷＿＿＿＿＝❸＿＿＿＿＿＿＿資産（工場，道路など）＋対外純資産

②❹＿＿＿＿＿＿＿＿＿……ある一定期間内の経済活動。一定期間内に産み出された付加価値を「流れ」として捉える　　例）ＧＤＰ，ＧＮＩなど

2 国民経済の水準を示す指標

(1)フローの代表的な指標

①❺＿＿＿＿＿＿＿＿＿＿＿＿＿＿（ＧＤＰ）＝国内の総生産額－中間生産物

　※中間生産物……最終生産物の生産に要した燃料や原材料など

②❻＿＿＿＿＿＿＿＿＿＿＿（ＧＮＩ）＝ＧＤＰ＋海外からの❼＿＿＿＿＿＿

　※海外からの❼＿＿＿＿＿＝海外から受け取った所得－海外へ支払った所得

③国民純生産（ＮＮＰ）＝ＧＮＩ－❽＿＿＿＿＿＿＿＿＿（減価償却費）

　※機械などの固定資本は年月とともに摩耗・老朽化してその価値が減少する。この価値の減少分を換算した額のことを❽という

④❾＿＿＿＿＿＿（ＮＩ）＝ＮＮＰ－（間接税－補助金）

(2)❿＿＿＿＿＿＿＿＿＿の原則……国民所得は，⓫＿＿＿＿＿・⓬＿＿＿＿・⓭＿＿＿＿＿＿の三つの面から捉えられ，それぞれの大きさは等しい

第1次産業	第2次産業	第3次産業

└海外からの純所得　　←⓫＿＿＿＿国民所得

雇用者報酬(雇用者所得)	財産所得	企業所得

└経常海外余剰　　←⓬＿＿＿＿国民所得

消　費	投　資

←⓭＿＿＿＿国民所得

(3)ＧＤＰに含まれないもの

家事やボランティアなど市場を介さない活動

すでに取り引きがなされた中古品の売買　　　　　　ＧＤＰに含まれない

環境破壊による経済的損失

・⓮＿＿＿＿＿＿＿＿＿＿……ＧＤＰから環境破壊などによる経済的損失を差し引いたもの

3 経済成長の指標

(1)経済成長……経済活動の規模が拡大すること

　・経済成長率……ＧＤＰの対前年増加率であらわす

(2)名目値と実質値

　・⓯＿＿＿＿＿経済成長率は金額の変化のみを測定し，物価の変動を考慮していない──→ＧＤＰ⓰＿＿＿＿＿＿＿＿＿＿によって物価の変動分を修正した実質ＧＤＰから**実質経済成長率**を算出

$$実質経済成長率（\%）＝\frac{ある年の実質ＧＤＰ－前年の実質ＧＤＰ}{⓱＿＿＿年の実質ＧＤＰ}×100$$

④ 経済成長の要因とその施策

(1)経済成長の要因……資本の蓄積，労働供給量の増加，生産性の向上など

(2)技術革新と経済成長

- ⑱_____(オーストリア，1883～1950)……企業

によるイノベーションが経済発展の原動力であると主張

⑤ インフレーションとデフレーション

(1)物価……財・サービスの価格の平均的な水準

- ⑲_____(インフレ)……物価が持続的に上

昇すること

- ⑳_____(デフレ)……物価が持続的に下落する

こと

(2)インフレ・デフレの原因

① インフレの原因

- ㉑_____・インフレ……総需要(有効需要)

の増大による㉒_____超過から生じるインフレ

- ㉓_____・インフレ……賃金や原材料費

の値上げなど，供給側の生産コストの上昇から生じるインフレ

② デフレの原因

- 通貨量や総需要の減少による㉔_____超過

- 海外から安い原材料や商品を輸入

(3)インフレ・デフレの影響　　　　　　※㉕～㉗，㉙は当てはまる方に○をつけよ

① インフレの影響━━通貨の価値が㉕（　上昇　・　下落　）

- 債務負担は減少。実質的な貯金額は㉖（　増加　・　減少　）

- 労働者の賃金が増えなければ生活水準は㉗（　上昇　・　低下　）

- ※㉘_____……景気の停滞(スタグ

ネーション)とインフレが同時に起こること

② デフレの影響

- 企業の利潤が減少━━労働者の賃金が㉙（　増加　・　減少　）

- ※㉚_____……デフレが連鎖すること

⑥ 景気変動と景気循環 / 国民生活の安定のための施策

(1)㉛_____……周期的な景気変動

- 好況期━━㉜_____期━━㉝_____期━━㉞_____期━━好

況期……と繰り返す

- ㉟_____……急激な景気の後退

(2)景気循環の分類

- ㊱_____の波……40か月，在庫投資の変動による

- ジュグラーの波…… 7 ～10年，㊲_____投資の変動による

- ㊳_____の波……15～25年，建設投資の変動による

- ㊴_____の波……50～60年，技術革新による

(3)物価や景気を安定させながら経済成長を維持するための施策

- 需給ギャップの縮小◀━㊵_____政策で政府支出を増減

- 市場の通貨量を適正に保つ◀━㊶_____政策で通貨量を管理

サポート

⑱は，大胆な企業家精神による創造的破壊がイノベーションを可能にすると考えた。

よみとき

教科書 p.81資料 ❶ から，物価の変動と景気の動向には，どのような関連がみられるのだろうか。

よみとき

教科書 p.82資料 ❷ と ❸ から，日本の景気循環について，好況期・後退期・不況期・回復期はどの時期にあたるだろうか。

サポート

通貨量が物価水準を決定するという考え方を，貨幣数量説という。

1　次の記述を読み，正しければ○を，誤っていれば×を記入せよ。

①国富とは政府が保有する富のことで，民間人や民間企業が保有する実物資産は含まない。　（　　）

②ＧＤＰやＧＮＩは，フローの指標である。　（　　）

③日本に居住するスポーツ選手が海外で得た所得は，日本の国民総所得に含まれる。　（　　）

④ＧＮＩとＧＮＰは捉え方が異なるだけで，物価の変動を考慮しない名目値は等しい。　（　　）

⑤日本は，第二次世界大戦後から現在まで一貫して経済成長を続けており，マイナス成長を経験したことはない。　（　　）

⑥1970年代の石油危機により，日本経済はデフレスパイラルに陥った。　（　　）

⑦景気には，好況期・後退期・恐慌期・回復期の四つの局面がある。　（　　）

2　図は，一国の経済活動を示す指標とその構成について示したものである。

(1)A～Eに当てはまる語句を答えよ。

A（　　　　　　　　　　　）

B（　　　　　　　　　　　）

C（　　　　　　　　　　　）

D（　　　　　　　　　　　）

E（　　　　　　　　　　　）

国内の総生産額	国内総生産	
国内総生産（　A　）	国内の総生産額－中間生産物	（　D　）生産物
（　B　）(GNI)	国民純生産	
	海外からの純所得　　（　E　）減耗	
国民純生産(NNP)	（　C　）	
	（間接税－補助金）	
（　C　）(NI)		

(2)国民所得を生産・分配・支出の三つの面から捉えたとき，それぞれの大きさが等しくなることを何というか。　（　　　　　　　　　　　　　　　　　）

1　国民経済の水準を示す指標や経済成長に関する記述について誤っているものを，次の①～④のうちから一つ選べ。

①分配面から見た国民所得の要素には，雇用者報酬が含まれる。

②支出面から見た国民所得の要素には，民間投資や政府支出が含まれる。

③1990年代後半にはアジア通貨危機が発生し，多くのアジア諸国の経済成長率に影響を与えたが，日本はまったく影響を受けなかった。

④経済成長率には実質値と名目値があり，インフレのときには名目値が実質値よりも高くなり，デフレのときには名目値が実質値よりも低くなる。　（　　）

2　物価にかかわる問題に関する記述について正しいものを，次の①～④のうちから一つ選べ。

①供給側の生産コストの上昇によるコスト・プッシュ・インフレが起きても，有効需要の増大によって需要が供給を上回っているのであれば，インフレは終息する。

②インフレになると，債務の負担は軽くなるが，預貯金を実質的に目減りさせることとなる。

③日本の高度経済成長期には，デフレが長期間続いたが，第一次石油危機を機にデフレ傾向が解消され，現在までインフレが続いている。

④貨幣数量説に基づいて，裁量的な政策介入によって物価と雇用の安定を図ることを主張した経済学者に，フリードマンらのマネタリストがいる。　（　　）

19 市場の失敗と公害・消費者問題①
[市場の失敗と政府の役割]

① 市場の失敗

・市場の失敗……市場機構が機能しないこと

(1)独占・寡占

❶_____……1社で市場を占有　　┐　高価格・少量生産となり，

❷_____……少数の企業で市場を占有 ┘　消費者の利益が損なわれる

①❶_____の形態

・❸_____(企業連合)……価格や生産量などの協定

・❹_____(企業合同)……合併や統合

・❺_____(企業連携)……❻_____会社がさ

ざまな分野の企業を傘下におく

②❷_____市場の特徴

・❼_____競争……デザイン，広告・宣伝など価格以外での競争

・❽_____価格……大企業が❾_____

(価格先導者)となって設定する価格。他の企業がこれに追随し，価格が

下がりにくくなる(価格の❿_____性)

(2)⓫_____の供給……道路，公園，灯台，消防など

・⓬_____性……他人の消費する量を減らさず，多くの人が同時に

消費できる

・⓭_____性……特定の人の消費を排除できない──→費用を負担し

ない利用者(⓮_____ライダー)が存在するため，市場にまかせる

と供給されにくくなる

(3)外部性

・⓯_____……市場を通さずに，他の経済主体に利益を与える

・⓰_____……市場を通さずに，他の経済主体に不利益を

与える

(4)情報の⓱_____性……取り引きの当事者間の情報量の格差。消費者

は生産者に比べて商品に関する知識量が少なく，不利益を受けやすい

・⓲_____……低品質の財のみが市場に出回るようになること。中

古車市場や民間保険の契約などでみられる

② 市場における政府の役割

・政府の役割＝市場の失敗による弊害を取り除くこと

①⓳_____法(1947年制定)……私的独占，不当な取り引き制限，

不公正な取り引き方法などを禁止する法律

──→⓴_____委員会で監視

②⓫_____は政府が税を徴収し，供給

③外部不経済の㉑_____化……公害の原因となる汚染物質を排出する企

業に課税するなどしてコストを増やす──→供給量が低下──→公害が減少

④許認可制による悪質業者の排除，消費者への情報提供の義務づけ

よみとき

教科書 p.83資料❶から，寡占が進んでいる財やサービスには，どのような特徴があるのだろうか，考えてみよう。

考察

教科書 p.84資料❸をもとに，私たちの社会にあるさまざまな財やサービスを分類してみよう。

59

1 次の記述を読み，正しければ○を，誤っていれば×を記入せよ。

①現実の市場では，自由な競争がおこなわれず，市場の失敗が起こることがある。　　　　（　　）

②寡占市場では，プライス・リーダーによる均衡価格の形成がみられる。　　　　　　　（　　）

③第二次世界大戦後から現在に至るまで，持株会社の設立は禁止されている。　　　　　（　　）

④合併や統合によって規模の利益の拡大を図ることをコンツェルンという。　　　　　　（　　）

⑤複数の企業が価格や生産量などについて協定を結ぶことをカルテルといい，これは独占禁止法で禁止されている。　　　　　　　　　　　　　　　　　　　　　　　　　　　　　　　　（　　）

⑥日本では独占や寡占による弊害を防ぐために独占禁止法が制定され，行政委員会である公正取引委員会が企業を監視している。　　　　　　　　　　　　　　　　　　　　　　　　　　　（　　）

⑦政府が公害の社会的費用を原因企業に負わせることは，公害の減少につながる。　　　（　　）

2 図は，独占の場合の価格設定について示したものである。

(1)Aに当てはまる語句を答えよ。　　　　　　　（　　　　　　）点

(2)独占企業による財の価格設定について述べた以下の文章の①②について，当てはまる方に○をつけよ。

> 独占企業は，財の生産量を(①　多く　・　少なく　)して，価格を(②　高く　・　低く　)設定する。

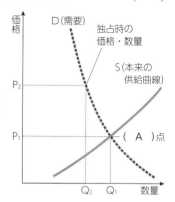

━━━━━━ **チャレンジ** ━━━━━━

1 寡占市場に関する記述について正しいものを，次の①～④のうちから一つ選べ。

①売り手が少なくても，買い手も少なければ寡占市場とはいえない。

②各企業は非価格競争を勝ち抜こうとするため，マーケット・シェアの拡大を追求しなくなる。

③管理価格が設定されると，需要が減少しても価格が下がりにくくなる。

④市場に少数の企業しか存在しない場合は，カルテルの形成が困難になる。　　　　　　（　　）

2 市場における競争や市場の失敗に関する記述として正しいものを，次の①～④のうちから一つ選べ。

①寡占市場において，生産技術の向上により生産コストが低下しても価格が下がりにくくなることを価格の下方硬直性という。

②管理価格とは，需要量と供給量が一致したときの価格で，人為的に決められるものではない。

③情報の非対称性により，市場に品質の悪い品しか出回らなくなってしまうことを，「共有地の悲劇」という。

④外部経済の例として，大型ショッピングモールの建設によって，周辺の道路の交通量が増えたことで発生した騒音や排気ガスによる汚染などの問題がある。　　　　　　　　　　　　　（　　）

3 市場の失敗に対する政府の政策として誤っているものを，次の①～④のうちから一つ選べ。

①独占禁止法では，不当な取り引き制限や不公正な取り引きを規制している。

②公共財は，市場にまかせると供給が不十分になるため，政府が供給している。

③契約自由の原則によれば，私人間で結ばれる契約に国は干渉すべきでないため，国家が情報の非対称性を是正するための政策や法整備をおこなうことはできない。

④公害の原因企業に課税してその社会的費用を負わせれば，公害の減少が期待できる。　（　　）

20 市場の失敗と公害・消費者問題②
［公害・消費者問題］

1 公害問題と環境保全

(1)公害……経済活動の活発化によって生じる環境問題。典型7公害として，❶
　　　　　　　の汚染，水質の❷　　　　　，土壌の汚染，❸　　　　　，振動，
地盤の沈下，悪臭があげられる
- 明治時代：❹　　　　　　　　鉱毒事件──田中正造の運動
- 高度経済成長期：四大公害訴訟……❺　　　　　病(熊本・鹿児島)，四日
　市ぜんそく(三重)，❻　　　　　　　病(富山)，新潟❺
　　　　病(新潟)
　──❼　　　　　基本法(1967年制定)

(2)環境問題の解決に向けて
- ❽　　　　　法(1993年制定)……持続的発展が可能な社会をめざ
　して環境保全を推進。国や国民の義務も明記
- ❾　　　　　の原則(ＰＰＰ)……公害防止の費用は汚染物質
　を発生させた者が負担するべきという考え方
　──公害❿　　　　　補償法(1973年制定)
- ⓫　　　　　の原則……故意や過失の有無にかかわらず，公
　害を発生させた企業に賠償する義務を負わせるという考え方
- 環境影響評価(環境⓬　　　　　　)……大規模開発に際し，
　自然環境に与える影響を事前に予測・評価する──環境影響評価法
- ⓭　　　　規制……排煙・排水中に含まれる汚染物質の割合を規制
- ⓮　　　　規制……地域の汚染物質の総排出量を定め,各工場に割り当て

(3)公害の多様化
- 家庭から出る一般廃棄物のほか，工場や農場などから出る⓯　　　　廃
　棄物の不法投棄──⓰　　　　　法による規制

(4)民間レベルでの取り組み
- ⓱　　　　　　　　運動……開発対象の土地
　などを住民が買い取り，開発から守る取り組み
- ※⓲　　　　　原則……因果関係に科学的根拠がなくても，健康や環境に被害
　をもたらす疑いのある物質の生産や使用を事前に禁止するなどの，⓲
　　　　的措置を取るべきという考え方

2 循環型社会の実現に向けて
- 循環型社会……大量生産・大量消費・大量廃棄を改め，価値あるものを長く
　大切に使い続ける社会
- 3Ｒ……リデュース・⓳　　　　　・リサイクル
- ⓴　　　　責任(ＥＰＲ)……企業は製品の使用後の処理に
　まで責任をもつべきという考え方
　──㉑　　　　　基本法(2000年制定)
- 容器包装リサイクル法(1995年制定)，家電リサイクル法(1998年制定)，小
　型家電リサイクル法(2012年制定)……具体的なリサイクルのしくみを整備

サポート
2009年には❺病被害者救済法が制定され，救済の対象が広がったが，その後も救済対象外の患者による訴訟が続いている。

考察
予防原則が必要とされるのは，なぜだろうか。また，予防原則を適用する場合は，どのような点に配慮することが求められるのだろうか。

61

・プラスチック資源循環促進法（2021年制定）

・㉒ _____（廃棄物ゼロ）への取り組み

・㉓ _____・コンシューマー……買い物にマイバッグを持参す
るなど環境に負荷をかけない行動をとる消費者

・㉓ _____購入法（2000年制定）……国などの公的機関が率先し
て再生品を使用することを推進

考察

契約に際しては，どのようなことに注意する必要があるのだろうか。さまざまな契約の場面を考えてみよう。

3 消費者主権と消費者問題

(1)㉔ _____……生産されるものの種類や数量を決定するのは，
本来は消費者であるという考え方

(2)消費者問題……製品事故，薬害，悪質商法など

・㉕ _____効果……消費者の購買意欲は企業の宣伝に依存する

・㉖ _____効果……消費行動は他人
の消費行動の影響を受ける

4 日本の消費者行政と施策／多様化する消費者問題

(1)消費者問題に対する機関や法律

・消費者庁（2009年設置）

┌─㉗ _____センター……国レベル

└─㉘ _____センター……各地方公共団体に設置

・㉙ _____法……消費者の権利や，行政・事業者・消費者
の責務を明記

(2)製品の安全性に関する制度

サポート

㉛とは「不注意」のこと。事故の発生が予見可能かつ事故を回避できるにもかかわらず，事故の発生を予見せず，事故を回避するために必要な措置をとらなかった場合をさす。

・㉚ _____（ＰＬ）法（1994年制定）……製品の欠陥が立証さ
れれば，㉛ _____がなくても製造者は賠償責任を負う⑪ _____
_____制度を定める

・㉜ _____制度……欠陥商品を企業が回収・無償修理する制度

・㉝ _____法（2009年制定）……地方公共団体が商品の欠陥
を把握した場合，消費者庁に報告することを義務づけ

(3)売買や契約に関する制度

・割賦販売法，特定商取引法

──→㉞ _____……一定期間内であれば，違
約金なしで契約を解除できる制度。自分から店舗に出向いて購入した
場合や，インターネットショッピングの場合などは適用されない

・㉟ _____法（2000年制定）……事業者の不当な勧誘による
契約の取り消しや，消費者の権利を侵害する契約の無効を認める

・㊱ _____制度……消費者に代わって，内閣総理
大臣の認定を受けた適格消費者団体が訴訟を起こす制度

(4)多様化する消費者問題

・インターネットを通じた取り引きでのトラブル，輸入品による製品事故，
高齢者による製品事故，悪質商法や詐欺

サポート

認知症などによって判断能力が低下した人を保護するために，成年後見制度がある。これは，本人に代わって成年後見人が契約の締結や取り消しなどをできる制度である。

・㊲ _____……複数の金融機関から借り入れを繰り返し，返済
が困難になること──→裁判所に破産を申し立て，債務の免責を申請する㊳
_____に陥る場合もある

1　次の記述を読み，正しければ○を，誤っていれば×を記入せよ。

①1960年代には四大公害訴訟が起こされ，いずれも被害者側が勝訴した。　　　　（　　）

②３Ｒの中では，そもそもの廃棄物の排出量を減らすリユースが最も大切である。　（　　）

③友人が買った最新家電を見て自分も買いたくなるように，他人の消費行動の影響を受けることをデモンストレーション効果という。　　　　　　　　　　　　　　　　　　（　　）

④未成年者取消権について，契約時に未成年であった場合，成年になってから５年以内であれば契約を取り消すことができる。　　　　　　　　　　　　　　　　　　　　　　　　（　　）

⑤事実と違うことをいう不実告知によって結んだ契約は，消費者安全法によって取り消すことができる。　　　　　　　　　　　　　　　　　　　　　　　　　　　　　　　　　　　（　　）

⑥企業には，欠陥商品を回収・無償修理する無過失責任制度が定められている。　　（　　）

2　図は，公害苦情件数の内訳について示したものである。

(1)Aは，工場や農場などから出される廃棄物のことをいう。Aに当てはまる語句を答えよ。　　　　　（　　　　　　　　）

(2)図から読みとれる内容として適当なものを，次の①〜④のうちからすべて選べ。

　①典型７公害の苦情件数は全体の６割以上である。

　②騒音と大気汚染への苦情の合計は，全体の半数にはおよばない。

　③一般廃棄物の投棄に対する苦情件数は，Aの投棄に対する苦情件数の５倍以上にのぼる。

　④土壌汚染・地盤沈下に対する苦情件数は，近年増加傾向にある。　（　　　　　　）

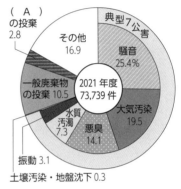

（　Ａ　）の投棄 2.8
その他 16.9
典型7公害
騒音 25.4%
2021年度 73,739件
大気汚染 19.5
一般廃棄物の投棄 10.5
悪臭 14.1
水質汚濁 7.3
振動 3.1
土壌汚染・地盤沈下 0.3

1　公害に関する記述について正しいものを，次の①〜④のうちから一つ選べ。

　①公害対策基本法には公害の定義が明記されていたが，環境基本法には特に明記されていない。

　②公害を発生させた企業は，過失がなければ賠償責任は生じない。

　③有害物質の排出にあたっては，その含有割合を規制する総量規制がとられている。

　④公害防止費用や企業が社会に与えた損害は，汚染物質を排出した企業が負担すべきという考え方を，汚染者負担の原則（ＰＰＰ）という。　　　　　　　　　　　　　　　　（　　）

2　消費者の権利や保護に関する記述について正しいものを，次の①〜④のうちから一つ選べ。

　①消費者基本法には，消費者の権利と国や事業者の責務が明記されている。

　②訪問販売，キャッチセールス，インターネットショッピングのいずれの場合も，一定期間内であればクーリング・オフをすることができる。

　③18・19歳は「特定少年」として未成年者取消権を行使できる。

　④無過失責任制度に基づいて消費者が企業に賠償責任を求める場合は，企業に過失があったことを消費者が証明しなければならない。　　　　　　　　　　　　　　　　　　（　　）

21 諸課題へのアプローチ
外部不経済の内部化の方法

課題　外部不経済を内部化するには，どのような方法があるのだろうか。

1 公害対策とその課題

(1)次の記述は，外部経済と外部不経済のどちらに分類されるだろうか。

　①テーマパークの建設により，周辺の交通量が増加し，渋滞や騒音の問題が発生した。

　　　　　　　　　　　　　　　　　　　　　　　　　　　（　　　　　　　　　　　　　）

　②テーマパークの建設により，町に人が集まるようになり，周囲の商店街の売り上げが増加した。

　　　　　　　　　　　　　　　　　　　　　　　　　　　（　　　　　　　　　　　　　）

(2)外部不経済の典型例である公害には，どのようなものがあるのだろうか。

(3)公害対策の一つとして，たとえば，政府が，基準値以上の汚染物質を排出する自動車の使用を制限するなどの直接規制が考えられる。直接規制には，どのような課題があるのだろうか。

2 外部不経済の内部化〜「権利」を取り引きする方法〜

(1)教科書 p.90の資料3「『権利』の取り引きによる解決方法」について，運転時間の権利の売買は，権利の売り手・権利の買い手のそれぞれにとってどのようなメリットがあるのだろうか。

権利の売り手にとってのメリット

権利の買い手にとってのメリット

(2)運転時間の権利の売買の制度を導入した場合，人々の行動はどのように変化すると考えられるだろうか。

(3)権利の取り引きによる解決方法の実践例として，温室効果ガスの排出量取引がある。排出量取引には，どのようなメリットがあるのだろうか。

3 外部不経済を内部化する方法～課税による方法～

(1)課税によって，公害による損失を企業に負担させるという方法がある。この前提にある考え方をまとめた次の文章について，空欄に当てはまることばを，下の語群から選んで答えよ。

> 企業が生産するときに考慮する費用が(① 　　　　　)費用のみであれば，市場で成立する(② 　　　　　)曲線には，公害による損失にあたる(③ 　　　　　)費用が反映されていない。このため，社会的に望ましい生産量より(④ 　　　　　)生産がおこなわれるようになる。しかし，(③ 　　　　　)費用を企業に負わせることができれば，企業の生産量は少なくなり，公害による被害も(⑤ 　　　　　)すると考えられる。

【語群】 需要 供給 外部 内部 私的 増加 減少 多くの 少ない

(2)上記(1)の考え方に基づいて，企業への課税をおこなった場合，需要・供給曲線はどのように移動するだろうか。空欄に当てはまることばに○をつけよ。

> (① 需要 ・ 供給)曲線が(② 左 ・ 右)に移動する。

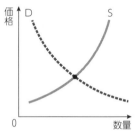

(3)企業に対して課税する方法には，どのような課題があるのだろうか。

(4)課税とは反対に，たとえば電気自動車などの低公害車の普及を目的に，政府が消費者に対して補助金を給付する方法もある。この場合，需要・供給曲線はどのように変化するだろうか。空欄に当てはまることばに○をつけよ。

> (① 需要 ・ 供給)曲線が(② 左 ・ 右)に移動する。

4 外部不経済を解決するための望ましい方法とは？

(1)外部不経済を内部化することには，どのようなメリットがあるのだろうか。

(2)外部不経済を内部化する方法には，どのような課題や問題点があるのだろうか。

説明しよう

・身近な環境問題を取り上げて，外部不経済を内部化するための具体的な方法や課題を踏まえた上で，解決にあたってはどのような施策が適切なのか，自分の考えを説明してみよう。

22 財政のしくみと租税の意義

よみとき

景気の変動は実際の財政活動にどのような影響を及ぼしているのだろうか。教科書 p.93資料**1**と資料**2**を関連づけて考えてみよう。

よみとき

過去の一般会計予算を調べた上で，教科書 p.94資料**4**と比較し，現在の日本の財政の特徴と課題はどのようなことか，考えてみよう。

1 財政の機能

(1)**財政**……国または地方公共団体がおこなう経済活動

(2)財政の三つの機能

①**資源配分の機能**……**❶**＿＿＿＿＿＿＿＿＿＿（道路や国防・警察など）の提供

②**❷**＿＿＿＿＿＿＿＿＿＿の機能……所得税などに，課税対象額が大きいほど高い税率を適用する**❸**＿＿＿＿＿＿制度を採用──→社会保障制度を通じて再分配し，所得格差の縮小をめざす

③**❹**＿＿＿＿＿＿＿＿の機能

・自動安定化装置（**❺**＿＿＿＿＿＿＿＿＿＿＿＿＿＿＿＿＿）……社会保障制度などにより，景気を自動的に安定させる

・裁量的財政政策（**❻**＿＿＿＿＿＿＿・ポリシー）……公共投資や課税の増減──→**❼**＿＿＿＿＿＿＿（貨幣の支出をともなう需要）を適切に保ち，景気を安定させる

※**❽**＿＿＿＿＿＿＿＿＿＿＿＿＿＿……財政政策と金融政策を一体的に運用

2 国の予算と財政投融資

(1)**予算**……政府の一会計年度における収入（**❾**＿＿＿＿＿＿）と，支出（**❿**＿＿＿＿＿＿）の計画

※年度の当初から実施される予算を**本予算**，年度途中で予想外のできごとが起きた場合に組まれる予算を**⓫**＿＿＿＿＿＿＿＿という

①**⓬**＿＿＿＿＿＿＿予算……社会保障・公共事業・教育など，政府の一般行政にかかわる予算

②**⓭**＿＿＿＿＿＿＿予算……特定の事業の実施，特定の資金の運用をするための予算

③**⓮**＿＿＿＿＿＿＿予算……特別な法律によって設立され，政府が全額出資する法人に関する予算

<日本の一般会計予算>　　　　※⓯〜㉑は，下の語群から適当な語句を選んで記入せよ

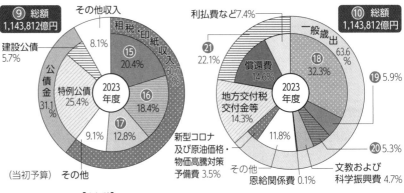

9 総額 1,143,812億円

その他収入 8.1%
⓯ 20.4%
建設公債 5.7%
公債金 31.1%
特例公債 25.4%
租税・印紙収入 60.7%
⓰ 18.4%
9.1%
⓱ 12.8%
2023年度
（当初予算）　その他

10 総額 1,143,812億円

利払費など7.4%
一般歳出 63.6%
㉑ 22.1%
償還費 14.6%
⓲ 32.3%
⓳ 5.9%
地方交付税交付金等 14.3%
11.8%
⓴ 5.3%
2023年度
新型コロナ及び原油価格・物価高騰対策予備費 3.5%
その他
恩給関係費 0.1%
文教および科学振興費 4.7%

【語群】

法人税　　消費税　　所得税　　国債費

公共事業関係費　　防衛関係費　　社会保障関係費

⓯＿＿＿＿＿＿＿＿＿＿

⓰＿＿＿＿＿＿＿＿＿＿

⓱＿＿＿＿＿＿＿＿＿＿

⓲＿＿＿＿＿＿＿＿＿＿

⓳＿＿＿＿＿＿＿＿＿＿

⓴＿＿＿＿＿＿＿＿＿＿

㉑＿＿＿＿＿＿＿＿＿＿

(2)決算……一会計年度における ❾ _____ と ❿ _____ の実績

・㉒ _____ 院の検査を受けた後，内閣が国会に提出し，承認を受ける

(3)㉓ _____ 計画……予算とは別に，政府の経済政策を補うもの

・国が財投債を発行し，特殊法人などへ融資━━→中小企業への融資や社会資本整備に用いられる

③ 租税の種類とその特徴

(1)㉔ _____ 主義……課税には，国民を代表する国会による法律の定めが必要であるという考え方

(2)租税の種類

┌ ㉕ _____ 税：納税者と担税者が同一(所得税，法人税，相続税など)

└ ㉖ _____ 税：納税者と担税者が異なる(消費税，酒税など)

┌ ㉗ _____ 税：国に納付(所得税，法人税，相続税，消費税，酒税など)

└ ㉘ _____ 税：地方公共団体に納付(住民税，固定資産税など)

・㉙ _____ ……租税収入における㉕税と㉖税の割合

[日本]

第二次世界大戦前：間接税の比重が高い

1949年：㉚ _____ 勧告━━→㉕ _____ 税中心主義へ

1970年代～：税収の伸び悩み

1989年：㉙ _____ の見直しを図り，㉛ _____ 税を導入

※㉛ _____ 税の問題点として，所得が低くなるほど負担が重くなる

㉜ _____ 性がある━━→2019年から，外食や酒類を除く飲食料品などに㉝ _____ を導入

[海外]

・アメリカ：直接税の比率が極端に高い

・ドイツ，フランス：日本に比べて間接税の比率が高い

④ 租税の原則と公平な負担

(1)租税の基本原則

①公平 ┌ ㉞ _____ 的公平：所得の大きさに応じて租税を負担

      └ ㉟ _____ 的公平：所得や消費支出が同じであれば租税の負担も同じ

②㊱ _____ ……課税が家計や企業の経済活動の妨げにならない

③㊲ _____ ……課税などの手続きがわかりやすく，徴税の経費が少ない

(2)公平な負担

┌ ㊳ _____ 負担：受益の大きさに応じて租税を負担(目的税など)

└ ㊴ _____ 負担：支払い能力に応じて租税を負担(累進課税制度など)

⑤ 公債の発行と公債残高の膨張

・公債……政府や地方公共団体が不足資金を調達するために発行。㊵ _____ と地方債がある

①㊶ _____ 公債……公共事業費の歳出にあてられる。財政法により認められている

サポート

㉓は，予算と同様に国会の承認が必要なことから「第二の予算」とよばれることもある。2021年度には，新型コロナウイルス感染症対策として，中小企業や福祉・医療への支援が盛り込まれ，規模が大きく膨らんだ。

考察

教科書 p.95資料❻から，日本の税の種類を，所得課税・消費課税・資産課税に分類してみよう。

サポート

目的税とは特定の経費にあてられる税で，地方道路税，電源開発促進税，入湯税，都市計画税などがある。これに対して，使途が特定されない税を普通税という。

考察
日本の公的政府債務の対GDP比は大きいが，ギリシャでみられたような財政危機は起きていない。その要因として，日本とギリシャの経済構造にどのような違いがあるからだと考えられるのだろうか。

考察
歳入・歳出を改革し，効率的で公正な財政と税制を実現するためには，どのような制度や方法を導入すればよいのだろうか。

サポート
地方公共団体の財源は，地方交付税や国庫支出金などに頼っている面が多く，自主財源が３～４割程度しかないため，三割自治(四割自治)などといわれることがある。

・1965年の不況──→1966年度に初めて発行

②㊷＿＿＿＿公債(赤字国債)……公共事業費以外の歳出にあてられる。財政法では発行を禁止しており，そのつど㊷＿＿＿＿法を制定

・第１次石油危機(1973年)──→1975年度に初めて発行

・現在では恒常的に発行され，㊸＿＿＿＿(歳入に占める公債金の割合)が上昇──→公債残高も膨張

※㊹＿＿＿＿の原則……発行された公債は，日本銀行が直接引き受けることはできない(財政法第５条)

6 財政健全化に向けた取り組み 〈課題探究➡教科書 p.154～159〉

(1)公債発行の問題点

・財政の㊺＿＿＿＿……歳出に占める国債費の膨張によって他の予算が圧迫され，財政の弾力的な運用が困難になること

・公債を購入した者とそうでない者との間の不平等

・公債返済のための負担を次世代に先送り──→世代間の不公平が拡大

(2)基礎的財政収支(㊻＿＿＿＿・バランス)……国債費を除いた歳出を，新たな公債の発行に頼らない税収で賄えているかを示したもの

・税収＞国債費を除いた歳出　の場合は㊼＿＿字

・税収＜国債費を除いた歳出　の場合は㊽＿＿字

(3)財政改革の方法

・税収を増やす……経済成長や増税(税率引き上げや新税の導入)

・歳出を減らす……数値目標の設定，非効率な事業の見直し

(4)㊾＿＿＿＿(最低所得保障)……所得にかかわりなく，すべての人に無条件で定期的に現金を給付する制度。導入の是非をめぐって議論が交わされる

TOPIC ―費用対効果とその分析―

・㊿＿＿＿＿……ある事業の実施にかかる費用に対して，その事業の実施によって得られる効果を表し，費用と効果を比較したもの
──→客観的なデータを用いた科学的根拠((51)＿＿＿＿)に基づく政策形成・評価が必要

7 財政における国と地方の役割分担

(1)国の負担……防衛や年金などの経費

(2)地方公共団体の負担……教育，警察・消防などの経費，(52)＿＿＿＿費(福祉や生活保護など)，(53)＿＿＿＿費(ごみ処理や保健所など)

※地方間で財政力に格差──→地方交付税や国庫支出金など，国から地方への財政移転で補う

||||||||||||||||||||||||||||||||||||||||||||||||||||| **ステップアップ** |||||||||||||||||||||||||||||||||||||||||||||||||||||

1　次の記述を読み，正しければ○を，誤っていれば×を記入せよ。

①景気安定のために政府がおこなう裁量的財政政策は，ビルトイン・スタビライザーともいわれる。

（　　）

②裁量的財政政策では，不況期には公共事業を抑制し，好況期には公共事業を増やす。　（　　）

③裁量的財政政策では，不況期には減税政策を実施し，好況期には増税政策を実施する。　（　　）

④国会の承認を必要としない予算は特別会計予算とよばれ，一般会計予算と区別される。　（　　）

⑤シャウプ勧告によって，間接税中心の税制から直接税中心の税制に改められた。　（　　）

⑥財政法では特例公債の発行を認めていないため，発行の際はそのつど特例法を制定する。（　　）

⑦1970年度以降の当初予算において，特例公債を発行しなかった年はない。　（　　）

2　図は，主要国の国民負担率について示したものである。図から読みとれる記述として正しいものを，次の①～④のうちからすべて選べ。

①日本は，ドイツと比べて国民負担率が低い。

②アメリカは，租税負担率，社会保障負担率ともに最も低い。

③フランスは，租税負担率，社会保障負担率ともに最も高い。

④スウェーデンは国民負担率が比較的高く，その8割以上が租税負担である。　（　　　　　）

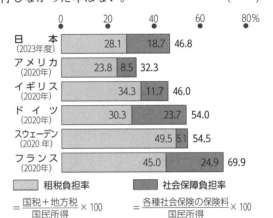

$= \dfrac{国税＋地方税}{国民所得} \times 100$　　$= \dfrac{各種社会保険の保険料}{国民所得} \times 100$

	租税負担率	社会保障負担率	計
日本（2023年度）	28.1	18.7	46.8
アメリカ（2020年）	23.8	8.5	32.3
イギリス（2020年）	34.3	11.7	46.0
ドイツ（2020年）	30.3	23.7	54.0
スウェーデン（2020年）	49.5	5.1	54.5
フランス（2020年）	45.0	24.9	69.9

チャレンジ

1　租税に関する記述として正しいものを，次の①～④のうちから一つ選べ。

①所得税，法人税，消費税は直接税である。

②消費税には，所得が低くなるほど負担が大きくなる逆進性を解消する効果がある。

③第二次世界大戦後，日本ではシャウプ勧告を受けて間接税中心に改める税制改革がおこなわれた。

④租税は基本的に使途が特定されておらず，負担と受益の関係が不明確な点で社会保険料とは異なる。

（　　）

2　公債に関する記述として正しいものを，次の①～④のうちから一つ選べ。

①2010年以降，日本の公債残高は減少傾向にある。

②日本の国債の多くは国内の経済主体が購入しているため，国債価格の暴落の可能性が高いと考えられている。

③国債費が膨張すれば，他の予算が圧迫され，弾力的な予算を組めなくなるという財政の流動化が起きる可能性がある。

④基礎的財政収支（プライマリー・バランス）は，国債費を除いた歳出を新たな公債発行に頼らずに税収で賄えるかを示したものである。

（　　）

23 諸課題へのアプローチ
持続可能な財政を実現するための税制のあり方

課題 グローバル化や少子高齢化が進展する中で，どうすれば税収を増やすことができるのだろうか。

1 増加する消費税の税収

・税収や税金に関する次の記述について，教科書 p.99の資料■「税別税収の推移」も参考に，正しければ○を，誤っていれば×を記入せよ。

①1990年代は，所得税による税収が最も多かったが，現在は消費税による税収が最も多い。　（　　）

②所得税と法人税による税収は，2000年代以降減少し続けている。　（　　）

③所得税は直接税に，法人税と消費税は間接税に分類される。　（　　）

④所得税，法人税，消費税はすべて国税に分類される。　（　　）

2 効率性と公平性からみる租税の特徴

・性質による租税の特徴について示した下の表について，空欄に当てはまる語句を答えよ。

	長所	短所
所得課税	❶＿＿＿＿＿性と各種の控除により❷＿＿＿＿＿的公平と再分配機能に優れている。また，景気の自動安定化装置としての機能をもつ。	❶＿＿＿＿＿課税であるため，労働意欲を阻害するおそれがある。また，所得を正確に捕捉しにくく，❸＿＿＿＿＿的公平を達成しにくい。
資産課税	資産格差を是正できる。所得課税を補完し，❷＿＿＿＿＿的公平と再分配機能を確保できる。	資産を適切に評価するのが難しく，過重負担をもたらすおそれがある。
消費課税	消費に対して均等に課税するという意味で，❸＿＿＿＿＿的公平に優れている。また，❹＿＿＿＿＿課税よりも徴税が効率的で税収が安定する。	❺＿＿＿＿＿性がある。軽減税率を導入しても，所得にかかわらず課税されるため，所得再分配の効果が❻＿＿＿＿＿。

3 これからの課税のあり方とは？

(1)法人税率を引き下げることには，どのようなメリット・デメリットがあるのだろうか。

メリット	デメリット

(2)消費税率を引き上げることには，どのようなメリット・デメリットがあるのだろうか。

メリット	デメリット

説明しよう

・租税の効率性や公平性を踏まえて，持続可能な財政を維持するためには，消費税や所得税の税率やバランス，資産などの課税の対象はどうあるべきだろうか。

24 金融のしくみとはたらき

1 金融とは何か

■**金融**……資金に余裕がある者と，資金を必要とする者との間でおこなわれる
資金の融通←──銀行や証券会社などの❶　　　　　　　　　　　が仲立ち

・貸し手には❷　　　　　　　　（将来資金を受け取る権利），借り手には❸　　　　
　　　　　　（将来資金を返済する義務）が発生

・金融には**不確実性**や，情報の❹　　　　　　　　　　が存在──→約束通り返
済できるという❺　　　　　　　が必要

┌─❻　　　　　　　経済(実体経済)……財やサービスを取り引きする経済活動
└─❼　　　　　　　経済……通貨や株式・債券などの金融商品を取り引きする経
　　済活動。❻　　　　　　　経済に影響を及ぼすことも

2 貨幣と通貨

(1)貨幣の機能

①❽　　　　　　　手段(決済手段)……財・サービスの取り引きを仲立ち

②**価値尺度**……財・サービスの価値を示す

③❾　　　　　　　　手段……価値が減ることなく保持できる

(2)通貨の種類

・❿　　　　　　通貨……⓫　　　　　　　　(日本銀行券)と硬貨 ┐
　　　　　　　　　　　　　　　　　　　　　　　　　　　　　　├ 決済に利用
・⓬　　　　　　通貨……普通預金，当座預金など ┘

※定期性預金……決済に利用できない。準通貨ともいわれる

・⓭　　　　　　　　　　　　　　……中央銀行が供給する通貨量

・⓮　　　　　　　　　　　　　　……家計，一般法人，地方公共団体な
どが保有する通貨量の残高

3 通貨制度

(1)⓯　　　　　　　制……中央銀行が，金との交換を保証する**兌換紙幣**を発行
──→通貨の発行量が中央銀行の金の保有量によって制限される──→通貨量を
増やして景気を調整することが困難

(2)⓰　　　　　　　　制度……中央銀行が，金との交換を保証しない⓱　　　　
　　　　　紙幣を発行──→金の保有量と関係なく通貨を発行できる──→通貨量を
増減させて，景気変動をある程度安定的に導くことが可能

4 金融市場のしくみ

(1)金融市場……資金の融通がおこなわれる場

┌─⓲　　　　　　金融：企業が有価証券(株式や社債)を発行して資金を調達
└─⓳　　　　　　金融：企業が金融機関からの借り入れで資金を調達

┌─短期金融市場：1年以内の短期資金の取り引き(コール市場など)
└─長期金融市場：1年をこえる長期資金の取り引き(株式市場など)

※⓴　　　　　　市場……株式市場や公社債市場などの⓲　　　　　　　金融がお
こなわれる場

よみとき

実物経済と金融経済とはどのような点で異なっているのだろうか。教科書p.101資料❶と資料❷を関連づけて，金融経済の特徴を考えてみよう。

サポート

当座預金とは，企業などが手形や小切手の支払いに使うための預金であり，無利子である。

サポート

19〜20世紀初頭までは多くの国が⓯制を採用していたが，第一次世界大戦(1914〜18年)や世界恐慌(1929年)をきっかけに，⓯制から離脱する国が相次いだ。

サポート

㉓と㉔の合計を総資本と
いい，そのうち㉓の割合
を㉓比率という。㉓比率
が高いほど，企業の経営
が安定しているとされる。

よみとき

教科書 p.103資料 **7** から
日本とアメリカを比較し
て，日本の金融の特徴と
は何だろうか，考えてみ
よう。

(2)企業の資金調達

```
㉑ ────────────── 内部留保 ┌ 株式 ── ㉓
                  直接金融 ┤        返済の必要はない
                  └ 社債
㉒ ──────────────
                  間接金融 ── 借入 ── ㉔
                                      返済の必要がある
```

[5] 金融機関の種類と役割 / 金利のしくみ

(1)銀行の役割

  ①㉕＿＿＿＿＿業務……資金を預かる

  ②㉖＿＿＿＿＿業務……貸し付けや手形割引をおこなう

  ③㉗＿＿＿＿＿業務……振り込み・振り替えによる送金，手形・小切手を使っ

   た支払いなどによる資金の決済

  ※㉘＿＿＿＿＿＿＿……預金の受け入れと貸し出しを繰り返すことで預

   金通貨を創造すること。これを繰り返すことで，当初の預金の何倍もの貸

   し出しが可能になる

(2)さまざまな金融機関……銀行のほか，証券会社や保険会社など

  ㉙＿＿＿＿＿＿＿＿＿＿＿として，大量の有価証券を購入して大規模な投資

をおこなう──→金融市場に影響

(3)金融をめぐる規制緩和

  ・「日本版㉚＿＿＿＿＿＿＿＿＿＿＿＿＿＿＿」……1990年代後半におこ

   なわれた金融改革──→金融機関の業務の相互参入，異業種からの新規参入

   が可能に

  ・金融庁（2000年設置）……金融機関に対して検査・監督をおこなう

(4)㉛＿＿＿＿＿（利率）……資金の貸借における，元金に対する㉜＿＿＿

(利息)の割合

  ・資金の供給が一定の場合，資金の需要が増えれば㉛は上昇し，資金の需要

   が減れば㉛は下落する

[6] 日本銀行の金融政策

(1)㉝＿＿＿＿＿銀行……国家の金融の中枢を占め，通貨供給や金融政策を実施

する銀行──→日本では日本銀行（日銀）

(2)日本銀行の三つの機能

  ①唯一の㉞＿＿＿＿銀行……日本銀行券を発行

  ②㉟＿＿＿＿＿の銀行……市中金融機関に対して，国債や手形の売買，預金

   準備金の受け入れ，「最後の貸し手」として資金供給など

  ③㊱＿＿＿＿＿の銀行……国庫金の出納

(3)日本銀行の金融政策

  ・金融㊲＿＿＿＿＿……不況のときに景気を上向かせ，物価を押し上げる

  ・金融㊳＿＿＿＿＿＿＿……好況のときに景気の過熱を抑えて物価を押

   し下げる

サポート

㉝銀行は，「通貨の番人」
ともいわれる。イギリス
ではイングランド銀行，
EU では欧州中央銀行，
中国では中国人民銀行が
これに当たり，アメリカ
では連邦準備制度がその
役割を担う。

日本銀行の金融政策

(㉟)操作
国債・手形を売買する

不況のとき ── 国債・手形の買い上げ（短期金融市場）（(㊷)オペレーション）── 資金供給 ── ❶(㊵)（政策利利）低下 ── 中央金融機関 ── 貸し出し増加 ── 企業

好況のとき ── 国債・手形の売却（(㊸)オペレーション）── 資金吸収 ── ❷(㊵)（政策利利）上昇 ── 中央金融機関 ── 貸し出し減少 ── 企業

(㊶)操作
(㊶)を上下させる

不況のとき ── 準備率を下げる 準備金の取り崩し ── 中央金融機関 ── 貸し出し増加 ── 企業

好況のとき ── 準備率を上げる 準備金の積み増し ── 中央金融機関 ── 貸し出し減少 ── 企業

❶コールレートが低下➡貸出金利が低下➡貸出が増加➡投資や消費が増加➡景気がよくなる。
❷コールレートが上昇➡貸出金利が上昇➡貸出が減少➡投資や消費が減少➡景気が抑制される。

①㊴＿＿＿＿＿操作(オペレーション)……国債や手形を売買して，

政策金利である無担保㊵＿＿＿＿＿（翌日物）を誘導

②㊶＿＿＿＿＿操作……市中銀行の㊶＿＿＿＿＿

を操作することで，資金の供給量を調整

(4)非伝統的金融政策

・㊹＿＿＿＿＿政策：政策金利を０％に近づける

・㊺＿＿＿＿＿政策：市中金融機関が保有する日銀当座預金残高の

量を増やす

・「量的・質的金融緩和」：⓭＿＿＿＿＿（現金通貨

＋日銀当座預金）の増加量を操作目標としてインフレ目標の達成をめざす

・マイナス金利政策：日銀当座預金の一部にマイナス金利を適用

7 **金融の安定化に向けた政策**

(1)㊻＿＿＿＿＿収縮（クレジット・クランチ）……金融市場において資金の供給

が不足すること──経済が正常に機能しなくなる

・1990年代：バブル経済崩壊……回収困難な㊼＿＿＿＿＿が発生

──㉓＿＿＿＿＿比率の低下を回避するため，㊼＿＿＿＿＿

の処理の先送りや貸し渋り──金融機関が相次いで破綻

(2)公的資金の注入による金融システムの安定化

(3)預金保険制度……金融機関が破綻しても，預金者１人につき元本1,000万円

とその利息を限度として保証（㊽＿＿＿＿＿）

8 **金融を取り巻く環境の変化と新たな問題**

(1)金融商品取引法……規制対象を拡大，販売・広告のルール強化

(2)一国の金融危機が世界に波及◀──㊾＿＿＿＿＿による

投機，複数の債権を束ねた㊿＿＿＿＿＿商品によるリスク拡散，債務超

過国の財政破綻など

FILE 金融をめぐる技術革新

フィンテック（FinTech）……ＩＣＴを活用した革新的な金融サービス

・51＿＿＿＿＿（仮想通貨）……インターネット上の通貨。海外

への送金などに便利な一方で，価値が大きく変動するリスクも

・52＿＿＿＿＿……インターネッ

ト上でビジネスプランを公開し，不特定多数から資金を集める方法

㊷＿＿＿＿＿

㊸＿＿＿＿＿

考察
なぜ，中央銀行の金融政策は，健全な経済活動を維持するために必要なのだろうか。

サポート
㊶は，1991年以降変更されていない。

考察
さまざまな金融商品を調べて，安全性・流動性・収益性の面での違いを比較してみよう。

73

1　次の記述を読み，正しければ〇を，誤っていれば×を記入せよ。

①金融において，資金の貸し手には債務，借り手には債権が発生する。（　　）

②日本の現金通貨には，日本銀行が発行する紙幣と政府が発行する硬貨がある。（　　）

③マネーストックには，中央政府が保有する通貨量は含まれない。（　　）

④金本位制は通貨発行量が金の保有量によって制限されるため，景気調整のために通貨量を増やすことが難しい。（　　）

⑤預金準備率が高くなるほど信用創造額も大きくなる。（　　）

⑥公開市場操作とは，日銀が国債などを売買して公定歩合を上下させる金融政策である。（　　）

⑦日銀当座預金の金利をマイナスにすることは禁止されている。（　　）

⑧ＢＩＳ規制では，金融機関が国際金融業務をおこなうためには，自己資本比率を８％以下とすることが定められている。（　　）

⑨預貯金は，リスクは小さいがリターンも小さい金融商品の例といえる。（　　）

2　図は，日米の資金調達について示したものである。A，Bのどちらが日本，どちらがアメリカに当たるか答えよ。

A（　　　　　　　　　）

B（　　　　　　　　　）

家計の金融資産の割合 (2023年3月)　**企業の資金調達の割合** (2023年3月)

	投資信託 4.4%	債券 1.3%	2.9%			債券 4.5%
（A）	現金・預金 54.2%	26.2%	11.0%	（A）	借入 25.0%	株式・出資金 53.7%	その他 16.8%
（B）	12.6	保険・年金など 28.6	11.9	株式・出資金 39.4	（B）	6.4	67.2	9.8	16.5

4.9　その他 2.7

|||||||||||||||||||||||||| **チャレンジ** ||||||||||||||||||||||||||

1　日本銀行の金融政策に関する記述として正しいものを，次の①〜④のうちから一つ選べ。

①不況時には，景気を上向かせて物価を押し下げる金融緩和をおこなう。

②不況時には，市中金融機関から国債や手形を買い上げることで通貨の供給量を増やし，無担保コールレートを低下させる。

③不況時には，市中銀行が受け入れた預金額のうち日本銀行に預ける割合である預金準備率を上げて，市中銀行から企業への貸し出しを増やす。

④マイナス金利政策とは，金融機関から企業への貸し出しを増加させることで，インフレの抑制を期待したものである。（　　）

2　金融商品による資産運用や，金融をめぐる技術革新に関する記述として誤っているものを，次の①〜④のうちから一つ選べ。

①資産運用においてリスクを減らすためには，一つの金融商品のみに資金をつぎ込むのではなく，複数の金融商品に分散投資をすることが望ましい。

②株式は，リスクが大きくリターンも大きい金融商品の例といえる。

③電子マネーや暗号資産(仮想通貨)には法定通貨の裏づけがなく，価値が変動するため，投機の対象になることがある。

④インターネットを通じて不特定多数から資金を集めることをクラウドファンディングといい，起業の際の資金調達の方法としても注目されている。（　　）

25 資金の流れと起業における資金調達のあり方

諸課題へのアプローチ

課題 起業するためには，どのように資金を調達すればよいのだろうか。

1 金融市場と企業の資金調達との関係

(1)金融市場や，企業の資金調達に関する次の記述について，正しければ○を，誤っていれば×を記入せよ。

①企業が，株式や社債を発行して資金を調達することを間接金融という。　　　　　　（　　　）

②企業が調達した資金のうち，株式の発行によるものを他人資本という。　　　　　　（　　　）

③銀行から借り入れをする際，企業の返済能力が低いと判断されれば，金利は低くなる。（　　　）

④金利は，景気，物価，外国為替相場などの影響を受けて変動する。　　　　　　　　（　　　）

(2)銀行からの借り入れによって資金を調達することには，どのようなメリット・デメリットがあるのだろうか。

メリット	デメリット

(3)株式を発行して資金を調達することには，どのようなメリット・デメリットがあるのだろうか。

メリット	デメリット

2 難しいベンチャー企業の資金調達

・なぜ，創業されたばかりのベンチャー企業は，資金調達が困難なのだろうか。

3 起業時の資金調達の方策とは？

・創業から間もない時期の資金調達には，どのような方法が考えられるだろうか。

説明しよう

・自分が起業したつもりで具体的な事業計画を立てた上で，その事業をおこなうには，どのように資金を調達することが現実的かつ効率的だろうか。

26 日本経済の変化と中小企業・農業問題①
［日本経済の歩み］

よみとき
日本では，産業構造の高度化には，どのような特徴がみられるのだろうか。教科書 p.111資料■と■とを関連づけて考えてみよう。

サポート
第1次❼は，第4次中東戦争をきっかけに発生した。また，1979年にはイラン革命をきっかけに第2次❼が発生した。

サポート
企業は❿として，省エネ，人員削減，正社員雇用からパート雇用への転換，事務的な作業の自動化・効率化などに取り組んだ。

サポート
G5は，日本，アメリカ，イギリス，フランス，西ドイツの5か国。⓮合意前には1ドル＝230円台であったのが，合意後の1987年末には1ドル＝120円台となった。

1 産業構造の高度化と日本経済の変化

(1)❶＿＿＿＿＿＿＿＿＿＿＿の法則……経済の発展にともない，第❷＿＿＿＿次産業(農・林・水産業)の比重が低下し，第❸＿＿＿＿次産業(鉱・工・建設業)，第❹＿＿＿＿次産業(商・金融・運輸・情報通信などの産業)の比重が高まること
- 経済の❺＿＿＿＿＿＿＿化……第3次産業を中心に，サービス部門の割合が高まること
- 経済の❻＿＿＿＿＿＿＿化……知識・情報などのソフト面の役割が大きくなること

(2)日本経済の変化
- 第二次世界大戦後の復興期：農業就業人口の割合が多い
- 高度経済成長期：鉄鋼・金属・機械・化学などの重化学工業が発展
  ＝第❸＿＿＿＿次産業の比重が上昇
- 1973年：第1次❼＿＿＿＿＿＿＿→激しいインフレ(❽＿＿＿＿物価)と景気停滞が同時に起こる❾＿＿＿＿＿＿＿＿
- 1974年：戦後初のマイナス成長＝高度経済成長の終焉
- 安定成長期：企業の❿＿＿＿＿＿＿→景気回復
  重化学工業中心の⓫＿＿＿＿＿＿＿産業から，自動車やエレクトロニクス産業中心の⓬＿＿＿＿＿＿＿産業へ転換
  →貿易黒字が膨張→アメリカとの⓭＿＿＿＿＿＿＿が深刻化

2 バブル経済の発生と崩壊

(1)⓮＿＿＿＿＿合意(1985年)……ドル高とアメリカの貿易赤字を改善するために，G5が協調して為替介入することに合意
→日本では⓯＿＿＿＿＿・ドル安が急速に進み，⓯＿＿＿＿＿不況に→生産拠点を海外に移転→産業の⓰＿＿＿＿＿が発生

(2)⓱＿＿＿＿＿経済の発生
……株価や地価が本来の価値から離れて異常に高騰すること
- 1980年代後半：内需拡大による経済成長をめざして金融⓲＿＿＿＿＿を実施→余剰資金が発生→株式・土地に投機→株価・地価の高騰→⓳＿＿＿＿＿効果により消費を刺激→⓱＿＿＿＿＿経済の発生

(3)⓱経済の崩壊
- 1989年以降：景気の過熱を抑制するために金融⓴＿＿＿＿＿，不動産融資への総量規制→株価・地価の下落→⓱経済の崩壊
- 金融機関は多額の㉑＿＿＿＿＿(回収不可能な債権)を抱える→融資の抑制(貸し㉒＿＿＿＿＿)により企業の倒産が相次ぐ
  ↓
- 政府：㉓＿＿＿＿＿の発行による積極財政
- 日銀：政策金利を0％に近づける㉔＿＿＿＿＿政策(1999年)

③ 日本経済の現状と課題

(1)日本経済の現状

- 事業規模縮小のため, 人員削減(㉕_____)を敢行
- 日本型雇用慣行に変化

  ㉖_____制：従業員を定年まで継続して雇用する制度

  ㉗_____型賃金体系：年齢や勤続年数に応じて賃金が上がる

  賃金体系

  ↓

  パートやアルバイトなど㉘_____労働者の増加

  ㉙_____主義の採用

- 2000年代：企業全体の内部留保は増大⟺労働者の実質賃金は抑制

  ──→「実感なき好景気」

- ㉚_____……規制緩和や公的分野の民営化などによって市場

  経済の活性化をめざす

  例)2000年代：㉛_____内閣による郵政民営化・道路公団民営化

  2004年：派遣労働者の㉜_____業への派遣を認める

(2)グローバリゼーションの進展

- 海外に生産拠点を移転
- 情報通信産業の役割が拡大──→情報通信技術(㉝_____)の発達,

  ㉞_____(e-コマース)の普及
- 世界的規模の合併・買収(㉟_____), 資本提携・業務提携など

(3)日本経済の課題

- 人口㊱_____社会──→高齢者, 女性, 外国人人材の活用, イノベーショ

  ンの加速化などによる生産性の向上が必要
- グローバル化の負の側面

  2008年：アメリカで発生した㊲_____

  ──→㊳_____危機に波及──→日本も輸出減少

  2020年：新型コロナウイルス感染症の世界的流行──→各国で経済が停滞

TOPIC ―格差の拡大―

①貧困の定義

- ㊴_____貧困……必要最低限の生活水準が満たされていない状態。

  おもに発展途上国で問題となっている
- ㊵_____貧困……ある地域の中で比較して, 大多数の者よりも貧

  しい状態。おもに先進国で問題となっている
- ㊵_____貧困率……国内世帯を所得順に並べて, 中央の世帯の所

  得の半分に満たない所得の世帯の割合

②日本における格差

- 「一億総中流」──→バブル崩壊後, 経済的格差の拡大が深刻化
- ㊶_____……正社員なみに働いても貧困から抜

  け出せない人々

③ローレンツ曲線とジニ係数……格差を表す指標

- ジニ係数は０〜１の数値で表され, １に近いほど格差は㊷_____くなる

よみとき

株価や地価の動きや, 銀行の貸出金と企業の倒産には, 景気とどのような関係があるのだろうか。教科書 p.113資料**5**と**6**とを関連づけて考えてみよう。

サポート

㉙主義とは, 従業員の年齢や勤続年数にかかわらず, 仕事の成果や成績に応じて賃金や役職を決める方法。

サポート

㊲とは, 住宅バブルの崩壊により, 低所得者向けのサブプライム・ローンが不良債権化し, アメリカの大手証券会社が経営破綻した事件。

サポート

日本の㊵貧困率はＯＥＣＤ加盟国の平均値を上回っており, 特にひとり親家庭の割合が比較的高い。

1 次の記述を読み，正しければ〇を，誤っていれば×を記入せよ。

①高度経済成長期には活発な設備投資がおこなわれ，国内産業の中心は，重化学工業から軽工業へと転換した。　　　　　　　　　　　　　　　　　　　　　　　　　　　　　　　（　　）

②第1次石油危機では，一部の企業が原材料の買い占めや商品の売り惜しみ，値上げなどをおこない，国民は狂乱物価に苦しんだ。　　　　　　　　　　　　　　　　　　　　　　　　（　　）

③プラザ合意では，アメリカのドル高を是正するために，G5の国々がドル売りの協調介入をすることを決めた。　　　　　　　　　　　　　　　　　　　　　　　　　　　　　　　　　（　　）

④バブル経済期には，過剰な融資や投機によって日本経済にお金があふれたことで，土地や株式の価格が暴落した。　　　　　　　　　　　　　　　　　　　　　　　　　　　　　　　（　　）

⑤2000年代の長期の好景気では，年平均10％の経済成長率を実現し，労働者の実質賃金も上昇した。　　　　　　　　　　　　　　　　　　　　　　　　　　　　　　　　　　（　　）

⑥所得格差の大きさを示すジニ係数は，発展途上国で高い傾向があり，日本のジニ係数は20世紀後半から現在まで低下傾向にある。　　　　　　　　　　　　　　　　　　　　　　　（　　）

2 図は，日経平均株価と地価の推移について示したものである。日本経済に関する記述として適当なものを，次の①〜④のうちからすべて選べ。

①プラザ合意による円高不況への対策として，日銀が金融緩和をおこなった結果，株価や地価が急激に上昇した。

②日経平均株価は1989年をピークに，現在にいたるまで下落し続けている。

③バブル崩壊により地価が暴落したが，2010年から2020年までは毎年上昇した。

④2000年代には，一時的に株価と地価の上昇期がみられたが，リーマン・ショックをきっかけにどちらも大幅に下落した。

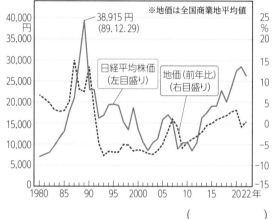

（　　　　）

1 高度経済成長期以降の日本に関する記述として誤っているものを，次の①〜④のうちからすべて選べ。

①第1次石油危機により，インフレと景気の停滞が同時に進行するスタグフレーションが引き起こされた。

②1980年代後半にはバブル経済が発生したが，その後，景気の過熱を抑制するために金融引き締めがおこなわれ，バブル経済は崩壊した。

③1980年代前半には，アメリカのドル安政策や日本の景気回復により，日本の輸出が増大し，アメリカとの間での貿易摩擦が激化した。

④日本では少子高齢化が深刻化する一方で，医療技術の発達により平均寿命が伸びているため，人口は増加傾向にある。　　　　　　　　　　　　　　　　　　　　　　　　　　　　　（　　　　）

27 日本経済の変化と中小企業・農業問題②
［中小企業と農業問題］

1　中小企業の現状と課題 〈課題探究➡教科書 p.148〜153〉

(1)中小企業……日本企業のうち，企業数の約99％，従業員数の約70％，売上高
の約40％を占める

　　──→大企業では採算がとれない❶＿＿＿＿＿＿＿＿＿＿(隙間)産業に進出

　　──→伝統技術を活かして地域社会を支える❷＿＿＿＿＿＿産業の担い手

　　──→独自のアイデアや技術を活かした❸＿＿＿＿＿＿＿＿＿・ビジネス

　　　※❸＿＿＿＿＿＿＿＿＿・キャピタル：成長が見込める中小企業な
　　　　どに出資・投資をおこなう投資会社

(2)中小企業の課題

　・家族経営が主体の零細企業が多い

　・**資本装備率**が低く，生産性が低い

　・大企業の**系列**として，大企業から注文を受けて製品を製造する❹＿＿＿＿＿
　　＿＿＿＿が多い──→不況期には，景気の❺＿＿＿＿＿＿＿＿となる

　　──→日本経済の❻＿＿＿＿＿＿＿＿＿……大企業と中小企業との間で賃金・
　　　労働条件・生産性に大きな格差があること

2　中小企業政策

(1)❼＿＿＿＿＿＿＿＿＿法(1963年制定)……中小企業の保護育成

　　──→1999年の改正により，自助努力を支援する方針に転換

(2)食料品アクセス問題……人口減少や郊外化により，中心市街地の商店街が衰
　退し，高齢者を中心に「買い物弱者」が増加

　　──→❽＿＿＿＿＿＿＿＿3法(2006年改正)：中心市街地の活性化を目
　　　的とする3つの法律の総称

3　日本の農業の現状

　・第二次世界大戦後：❾＿＿＿＿＿改革──→多くの自作農が育成

　・高度経済成長期：農業とそのほかの産業との所得格差が深刻化

　・1961年：❿＿＿＿＿＿＿＿法制定……農産物の選択的拡大や経営の近
　　代化を図り，自立経営農家の育成をめざす

　　※⓫＿＿＿＿＿＿＿＿制度の下でコメの生産に依存してきた農家は，コ
　　　メ以外の作物への転換が進まず──→農外所得の獲得のため⓬＿＿＿＿＿
　　　化が進行し，⓭＿＿＿＿＿農家(農業所得が農外所得よりも多い農家)は
　　　大幅に減少

　・国民の食生活が多様化──→コメの需要が減少し，生産過剰に

　　──→1970年：コメの作付面積を制限する⓮＿＿＿＿＿政策

　・⓯＿＿＿＿＿＿＿率の低下……食料の多くを海外に依存

4　農業の自由化・国際化への対応

(1)農業分野のグローバル化──→海外への市場開放が進む
　［1990年代］

　①⓰＿＿＿肉・オレンジの自由化(1991年)

よみとき

中小企業が抱えている課題とは何だろうか。また，大企業との格差は，中小企業の景況感にどのような影響を及ぼしているのだろうか。教科書 p.115 資料❿と⓫とを関連づけて考えてみよう。

考察

商店街の活性化に向けたまちづくりは，行政と住民，企業が協働して取り組まなければならないが，合意形成には時間がかかることが多い。それはなぜなのだろうか。具体的な事例を調べた上で考えてみよう。

サポート
❽3法は，大規模小売店舗立地法，中心市街地活性化法，都市計画法の改正法の総称。

②⑰ _____（関税および貿易に関する一般協定）の⑱ _____

_____・ラウンド

・コメの部分開放：国内消費量の一定割合を⑲ _____・アクセス（最低輸入量）として輸入を受け入れ

──→1999年：コメの全面⑳ _____に移行

［現在］

・㉑ _____協定（ＦＴＡ），㉒ _____協定（ＥＰＡ）で貿易の自由化が進行。農林水産物や食品の輸出額も大幅に伸びる

(2)自由化・グローバル化への対応

・㉓ _____法（1994年制定）……食糧管理法に代わって制定。コメの流通や価格の自由化を進める

・㉔ _____基本法（1999年制定）……農業基本法に代わって制定。食料の安定供給の確保・多面的機能の発揮・農業の持続的な発展・農村の振興をめざす

・㉕ _____法の改正……株式会社の農業への参入を本格的に認める

・㉖ _____対策（2011年導入）……農業生産に要した費用が販売価格を上回る場合，その差額が農家に支払われる

⑤ **日本の農業の取り組み**〈課題探究➡教科書 p.160〜165〉

(1)さまざまな取り組みと課題

［取り組み］

・農地面積の拡大

・㉗ _____化……生産だけでなく，加工・流通・販売までを農家が一体的におこなうことで付加価値を高める農業経営

──→地産㉘ _____により，地域経済の活性化や雇用創出も

・㉙ _____ツーリズム……都市に住む人が農村での生活を体験する滞在型の旅行──→地方への移住や起業の促進にもつながる

・ＩＣＴなどの先端技術を活用した㉚ _____農業の普及

［課題］

・高齢化などによる担い手不足──→㉛ _____地の増加

(2)食の安全を確保するために

・食品安全基本法（2003年制定）……食品の偽装表示や㉜ _____組換え食品の取り扱いについて規定

・㉝ _____制度……流通履歴を管理して，生産から消費者に届くまでの食品の移動経路を把握できるようにした制度。日本では，牛肉とコメに義務づけ

・㉞ _____……どのようにして，安定的に食料を供給するかという観点。特定の国の輸入に依存せず，バランスのとれた㉟ _____（供給網）の確保が大切

──→発展途上国における人口爆発や戦争による影響などを考慮して，⑮ _____率を高めるべきという指摘もある

サポート
㉗化には，多額の費用や人手を必要とするほか，食品の加工には厳しい衛生管理が求められるなどリスクや課題も多い。

サポート
地産㉘により，フードマイレージ（食品の輸送距離）が削減され，環境への負荷を減らすことができる。

ステップアップ

1　次の記述を読み，正しければ〇を，誤っていれば×を記入せよ。

①中小企業基本法では，中小企業を資本金と売上げによって定義している。　　　（　　）

②中小企業は，不況期には親会社から保護されるため，景気変動の影響を免れることができる。

（　　）

③コメの部分開放はウルグアイ・ラウンドによっておこなわれ，現在はコメに高い関税をかけることで輸入量を制限している。　　　（　　）

④食糧管理制度の下で農家がコメの生産に依存した結果，他の作物への転換が進まず，農家の兼業化が進んだ。　　　（　　）

⑤日本の農業就業人口に占める生産年齢人口は増加傾向にある。　　　（　　）

2　図は，各国の総合食料自給率の推移を示したものである。A〜Cに当てはまる国名を下の選択肢から選んで答えよ。

【選択肢】　　日本　　フランス　　ドイツ

A（　　　　　　　）

B（　　　　　　　）

C（　　　　　　　）

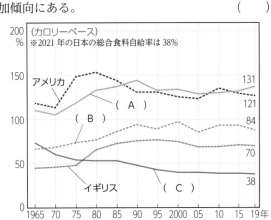

チャレンジ

1　日本の農業政策に関する記述として誤っているものを，次の①〜④のうちから一つ選べ。

①食料・農業・農村基本法の改正により，農地取得の規制が緩和され，株式会社も農業に参入できるようになった。

②国産牛肉のトレーサビリティを確保するために，牛の個体識別のための制度が導入されている。

③遺伝子組換え食品には表示義務があるものの，その対象は一部のみであり，遺伝子組換え作物がおもな原材料でない場合などには表示を省略することができる。

④食糧の需給の安定をめざして食糧の生産・流通・価格を国家の管理下に置く食糧管理制度は，現在は廃止されている。　　　（　　）

2　日本の中小企業に関する記述として正しいものを，次の①〜④のうちから一つ選べ。

①日本の企業のうち，中小企業は企業数，従業員数の多くを占めているが，売上げ高は全体の10％にも満たない。

②中小企業は，大企業と比べて資本装備率が高いという特徴がある。

③中小企業基本法は，中小企業の創業を支援する目的で制定されたが，1999年の改正によって，中小企業を保護して大企業との格差を是正する目的に改められた。

④下請け企業の中には，一つの親会社とだけではなく，複数の企業と取り引きするものもある。

（　　）

28 労使関係と労働問題

考察
労働基本権が憲法で保障されているにもかかわらず，使用者が労働者に違法な時間外労働をさせるなど，現実には使用者による法令違反が多くみられるのはなぜだろうか。

1 労働法の必要性

- ❶_____の原則……誰でも，契約の内容や契約するかどうかを自由に決定できるという原則⟶労使関係にも適用されるが，労働者は立場が弱いため，憲法や法律で保護
  - ・国際労働機関(❷_____)(1919年設立)……各国の労働立法に勧告をおこなうなど，労働条件の国際的改善をめざす
  - ・労働基本権
    - ┌ ❸_____権(憲法第27条)
    - └ 労働三権(憲法第28条)：❹_____権，団体交渉権，❺_____権(争議権)
  - ・労働三法……❻_____法，労働組合法，❼_____法

2 労働三法

(1)❻_____法……賃金，労働時間，休日など労働条件の最低基準を定める。「労働条件は，労働者と使用者が，❽_____な立場において決定すべきものである」(第2条)

①❾_____法：地域別に賃金の最低額を規定。毎年更新される

②法定労働時間……1日❿___時間，週40時間以内

例外として，

- ・⓫_____労働時間制：一定期間の平均労働時間が週40時間以内であれば，特定の日に法定労働時間をこえて働かせることができる
- ・⓬_____タイム制：労働者が毎日の始業・終業の時刻を決定できる
- ・⓭_____労働制：実際の労働時間とは無関係に，労使間の協定で定めた時間だけ働いたとみなす(研究開発などの職種に限る)

(2)**労働組合法**……労働者が自主的に労働条件の維持や経済的地位向上のために結成した団体である**労働組合**の権利を定める

- ・⓮_____の締結……労働組合と使用者との間で結ぶ
  - ※⓯_____：労働時間や賃金については必ず記載。地域の⓰_____署に届け出て，労働者に周知する義務がある
  - ※⓱_____：労働者と使用者が個別に結ぶ。労働基準法に違反する内容は無効
- ・⓲_____行為の禁止……使用者が労働者の労働三権を侵害したり，労働組合の自主性を失わせる行為をおこなったりしてはいけない

憲法(労働基本権)		
法律(労働基準法など)		
(⓮) 労働組合と使用者の間で結ぶ		
(⓯) 使用者が定める (従業員が常時10人以上の事業所では必ず作成する)		
(⓱) 労働者が使用者と個別に結ぶ		

上に行くほど優先される

↑法的効力の優先度

サポート
⓲行為の例として，労働組合の加入者を不当に取り扱うこと，労働組合に加入しないことを雇用条件とすること，使用者が労働組合に対して資金援助することなどがある。

・正当な**争議行為**によって損害を受けても，労働組合や組合員に賠償請求したり，争議行為を処罰したりすることはできない

＜争議行為の種類＞

労働組合側	⑲＿＿＿＿（同盟罷業）	労務の提供の拒否
	⑳＿＿＿＿（怠業）	作業能率を意図的に低下させる
	ピケッティング	ストライキ中の職場の入り口を見張る
	㉑＿＿＿＿	製品の不買を人々に訴える
	リボン闘争	リボン・腕章などを着用する
使用者側	工場などの職場を閉鎖する（㉒＿＿＿＿）	

(3)❼＿＿＿＿**法**……労働争議の予防と解決を図る

・㉓＿＿＿＿……行政委員会の一つで，使用者代表，労働者代表，公益代表で構成。労働争議について，当事者どうしで自主的に解決できない場合に調整をおこなう

①㉔＿＿＿＿：当事者間の自主的な解決を支援
②調停：労使双方に調停案の受諾を勧告
（①②）強制力なし
③㉕＿＿＿＿：労使双方を拘束する強制力あり

3 労働契約法と労働審判法

(1)労働組合組織率の低下⟶労働争議は減少

・アルバイトや派遣労働者などの㉖＿＿＿＿**労働者**が増加⟶労働者個人と使用者との間の㉗＿＿＿＿が増加

・㉘＿＿＿＿（地域ユニオン）……労働者であれば誰でも個人の資格で加入できる労働組合。会社に労働組合がない場合などに役立つ

(2)㉙＿＿＿＿**法**（2007年制定）……最高裁の判例を法制化したもので，労働契約に関するルールを規定

(3)㉚＿＿＿＿**法**（2004年制定）……個々の労働者と使用者との紛争について，裁判によらず，労働審判委員会が主体となって審判を下す

(4)労働契約に関するおもなルール

①有期労働契約が更新されて通算㉛＿＿＿＿年をこえた場合には，労働者は無期労働契約への転換を使用者に求めることができる
②契約を何度も更新してきた場合などは，使用者による雇い止めを禁止
③有期契約労働者と無期契約労働者の間での不合理な労働条件の格差の禁止

4 今日の労働問題

(1)女性と労働問題……男性と比べると，女性は非正規労働者の割合が高く，賃金水準も低い

・㉜＿＿＿＿**均等法**（1985年制定）……採用，昇進，退職などの雇用管理に関して男女の差別を禁止

※㉝＿＿＿＿・アクション……性別による格差を解消するために，女性に対する優遇措置をとることは認められている

・㉞＿＿＿＿**法**（1991年制定）……育児や介護を目的とした連続休業の取得や，時間外労働の免除を規定。男性の育児休業取得率は増加傾向にあるものの，女性と比べると低い

サポート
郵便，電気，水道などの公益事業が⑲などの争議行為をおこなう場合は，10日前までに，㉓と厚生労働大臣または都道府県知事に対して争議行為の予告を通知しなければならない。

サポート
労働審判委員会は，労働審判官（裁判官）1人と労働審判員2人の計3人で構成される。労働審判員は労働関係に関する専門的な知識経験を有する者の中から，最高裁判所によって任命される。

サポート
正規労働者なみに働いているにもかかわらず貧困から抜け出せないワーキング・プアなどが問題となっている。

サポート
非正規労働者は，雇用調整が容易で賃金も安いため，非正規労働者を増やしたいと考える企業は多い。労働者にとっても，都合のよい時間に働けるなどのメリットはあるが，賃金や社会保障制度などの面で，正規労働者とは大きな差がある。

サポート
⓬法により，高度の専門知識をもつ高所得の労働者に対して，一定の条件下で，休日や労働時間などの規定を適用しないという高度プロフェッショナル制度が創設された。

(2)若年層の雇用

・求人と求職のニーズが一致しない「雇用のミスマッチ」が発生

・定職に就かない❸⓹　　　　　　　　や，進学や就職をせず職業訓練も受けない❸⓺　　　　　　（ＮＥＥＴ）となる事例もある

(3)中高年の雇用……少子高齢化と人口❸⓻　　　　　　にともない，労働力人口に占める高齢者の割合が増加

・❸⓼　　　　　　　　　法（2004年改正）……定年延長などにより，働く意欲がある高年齢者が活躍できる環境の整備をめざす

・バブル経済崩壊後の「就職❸⓽　　　　　期」に正規労働者になれないまま中高年になった人々への対応が求められる

(4)外国人の雇用

・入管法改正（2018年）──→新たな在留資格である❹⓪　　　　　　　　　が創設され，人手不足が深刻な特定の業種での外国人の就労が可能に

5 すべての人が働きやすい社会に 〈課題探究➡教科書 p.142～147〉

(1)非正規労働者の保護

・バブル経済崩壊後，正規労働者から非正規労働者への置き換えが進み，非正規労働者が増加

・❹❶　　　　　　　　法（1985年制定）……改正により，「日雇い派遣」の原則禁止や，派遣期間（原則❹❷　　　年）終了後の労働者への雇用安定措置の義務づけなどを規定

・パートタイム・❹❸　　　　　　　労働法（1993年制定）

・❹❹　　　　　　　　法（2018年制定）……同一労働同一賃金をめざす

(2)仕事と生活の調和（❹❺　　　　　　　　　　　　・バランス）の実現に向けて

①❹❹　　　　　　　　　　　法……過労死・過労自殺，正規労働者と非正規労働者との待遇格差などの問題を受けて制定

・残業時間に対して罰則つきの上限規制

・すべての企業に対して，労働者に一定数の年次❹❻　　　　　　　　を取得させることを義務づけ

──→個人事業主として企業から仕事を委託されて働く❹❼　　　　　　　や，**ギグワーカー**といわれる人々への対応は不十分

②❹❽　　　　　　　　　……在宅勤務など，ＩＣＴを活用した時間や場所にとらわれない柔軟な働き方

──→時間外労働やサービス残業が潜在化しているとの懸念もある

③❹❾　　　　　　　　　法……国や企業が障害者を雇用する最低基準である法定雇用率を定める

──→十分に達成されているとはいえない

④性別，国籍，年齢，障害の有無を乗りこえて，多様性（❺⓪　　　　　　　　　）を重視した人材の活用

1 次の記述を読み，正しければ○を，誤っていれば×を記入せよ。

①公務員は労働三権が制限されており，特に団体行動権については全面的に認められていない。

（　　）

②原則として，不安定な現物支給や，手形，小切手での賃金の支払いは認められていない。（　　）

③労働者一人当たりの労働時間を短縮することによって，全体としての雇用者数の維持・拡大を図る制度を，フレックスタイム制という。（　　）

④労働争議を当事者間で解決できない場合には，労働基準監督署が間に入って，労働争議の斡旋，調停，仲裁などをおこなう。（　　）

⑤障害者雇用促進法では，官公庁に対して法定雇用率を定めているが，民間企業に対しては定めていない。（　　）

2 図は，女性の年齢別労働力率を示したものである。女性の労働状況に関する記述として正しいものを，次の①～④のうちから一つ選べ。

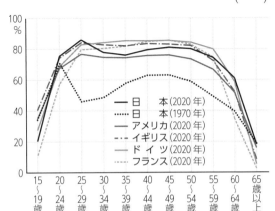

①1970年の日本の女性の労働力率は，20～24歳をピークに，その後は減少し続けている。

②現在の日本は，女性の高学歴化や未婚化，晩婚化の影響により，1970年と比べてすべての年代において労働力率が高くなっている。

③どの国も，大学を卒業する20～24歳が最も労働力率が高くなっている。

④日本の女性の労働力率は，他の先進国と同等の水準になってきたものの，結婚や出産による離職が完全になくなったとはいえず，M字カーブの落ち込み幅は他国と比べて最も大きい。（　　）

チャレンジ

1 日本の労働法制に関する記述として誤っているものを，次の①～④のうちから一つ選べ。

①非正規労働者にも，不法就労状態にある外国人労働者にも，労働基準法は適用される。

②過労死や過労自殺は，労働災害と認定されれば労災保険が給付される。

③労働時間の法的規制の適用が除外されるものに，高度プロフェッショナル制度がある。

④一定期間の総労働時間が総法定労働時間内であれば，労働者が自由に始業時刻・終業時刻を決定できる制度を変形労働時間制という。（　　）

2 労働問題に関する記述として正しいものを，次の①～④のうちからすべて選べ。

①使用者が労働組合の運営に関する費用を援助することは，組合活動の活性化につながるため，不当労働行為には当たらない。

②時間外労働や深夜労働については，原則として，男性も女性も同じ取り扱いがなされる。

③非正規労働者にも，待遇改善を求めて労働組合を結成する権利が認められている。

④労働者派遣法によると，有期労働契約が更新されて通算5年をこえた場合，労働者は無期労働契約への転換を使用者に求めることができる。（　　）

29 社会保障制度と福祉のあり方

1 社会保障の理念と役割

(1)社会保障制度の歩み

・長い間，貧困は個人の責任という考え方

——社会の健全な発展のために，貧困に対する公的な予防・救済制度である❶ _____ の充実が必要となった

・1601年：イギリスの❷ _____ 法

・19世紀末：ドイツで❸ _____ が社会保険制度を創設

(2)本格的な社会保障制度の取り組み

・1942年：イギリスの❹ _____ 報告

……「❺ _____ 」が理念

・1944年：国際労働機関（ＩＬＯ）の❻ _____ 宣言……社会保障を充実させることを各国に勧告

・1935年：アメリカの❼ _____ 法

……世界恐慌時のニューディール政策の一環

2 日本の社会保障制度

・日本国憲法第25条で❽ _____ を保障——社会保障制度を整備

(1)❾ _____ ……社会的（公的）責任において制度化された保険制度

　※❿ _____ ……保険料の徴収や保険金の給付をおこなう運営主体

　⓫ _____ ……保険の加入対象となる人

　①⓬ _____ 保険：疾病や負傷の場合——1958年：国民健康保険法制定

　②⓭ _____ 保険：老齢，障害，遺族——1959年：国民年金法制定

　③⓮ _____ 保険：失業・雇用対策

　④⓯ _____ 保険：業務上または通勤時の災害

　⑤⓰ _____ 保険：介護サービスの提供

　——保険料は被保険者・事業主・政府が一定の割合で負担

　　ただし，⓯ _____ 保険は事業主のみが負担

・1961年：全国民が加入する「⓱ _____ 」「⓲ _____ 」が実現

(2)⓳ _____ ……生活困窮者に対して最低限度の生活を保障

・費用は全額公費

・⓴ _____ 法（1946年制定，1950年全面改正）に基づいて運用

　——生活・教育・住宅・医療・介護・出産・生業・葬祭の８つの扶助

※社会手当……子どものいる世帯に支給される㉑ _____ など

(3)㉒ _____ ……社会的保護や援助を必要とする児童・障害者・高齢者などに，施設やサービスを提供（費用は全額公費）

・社会福祉法（1951年制定）

　……福祉事務所が生活保護および社会福祉に関する事務を担当

・地域住民の支援の要望に対応するため，市町村の包括的な支援体制（㉓ _____ ）の整備がめざされている

(4)㉔_____・公衆衛生……疾病の予防・治療，健康の増進，感染

症対策，上下水道や清掃施設の整備，食品や医薬品の安全性の確保など

　──→㉕_____法に基づいて，保健所や保健センターを設置

③ 公的年金制度の現状

(1)日本の公的年金制度

　①㉖_____(基礎年金)

　　・加入者……日本に住む㉗____歳以上60歳未満が加入者

　②㉘_____：被用者が加入し，基礎年金に上乗せして支給

　　・2015年：公務員が加入していた共済年金が厚生年金に統一

　　・年金財源：基本は㉙_____方式で，㉚_____方式の要素も採用

　　……年金積立金を取り崩しながら，保険料と国庫負担(国税)で賄う

＜賦課方式と積立方式＞

	㉙方式	㉚方式
しくみ	年金の給付に要する財源を，その年に調達する方式	在職中に積み立てた保険料で，将来の自分の年金給付を賄う方式
長所	現役世代の保険料で高齢者の年金給付を賄うため，㉛扶養の理念にそっている	少子高齢化による現役世代の負担の増加を回避できる
短所	少子高齢化が進むにつれて，現役世代の負担が増えてしまう	物価変動の影響を受けやすく，㉜になると受給額が実質的に目減りする

㉙_____方式

㉚_____方式

㉛_____扶養

㉜_____

考察

現在の日本で賦課方式のみを採用した場合と，積立方式のみを採用した場合では，それぞれどのようなことが予想されるだろうか。賦課方式と積立方式の特徴を比較して考えてみよう。

(2)給付水準の維持

　・㉝_____出生率の低下による少子高齢化への対応

　　　　↓

　・①2004年：年金制度改革──→有限均衡方式を採用

　　……100年間という限られた期間で年金財政のバランスを考える方式

　・②2009年：基礎年金の国庫負担割合の引き上げ

　　……国庫負担割合を3分の1から㉞_____に

　・③年金給付水準の引き下げと，支給開始年齢や保険料の引き上げ

　　……国民年金は㉟____歳から

　　　　厚生年金は60歳から㉟____歳に段階的に引き上げ

　　　　↓

　・現役世代の負担が過重になることを防ぎながら，年金給付額が現役世代の

　　所得の5割を下回らないようにすることをめざす

④ 介護制度と高齢者医療

(1)㊱_____法(1997年制定)……市町村が保険者(運営主体)

　・㊲____歳以上が加入……65歳以上で要介護と認定された場合，施設での

　　サービス，訪問介護，通所介護(デイサービス)の費用が給付される

　　※40歳以上でも，特定の疾病の場合は介護サービスを受けることができる

　・介護サービスの費用……原則㊳____割は本人負担

　　※一定以上の所得の人は2割，特に所得の多い人は3割

(2)㊴＿＿＿＿＿＿＿＿＿＿制度

……後期高齢者（㊵＿＿＿＿歳以上）は独立した医療保険制度に加入

・医療費の自己負担割合……後期高齢者は原則1割（現役世代は原則3割）

(3)急増する介護需要

・介護サービスの利用者の急増

　　──➤ ㊶＿＿＿＿＿＿＿＿＿老人ホームなどの施設の不足

　　──➤介護サービスを利用できない高齢者が増加する可能性

・介護サービスにおける人材不足の深刻化

TOPIC ─医療・介護制度の充実に向けて─

①国民医療費

・㊷＿＿＿＿＿＿＿＿＿（医療機関への支払い）の抑制

　　──➤医療従事者の収入減少，医療機関の経営難をもたらす

・㊸＿＿＿＿＿＿＿＿＿（製薬会社，薬局への支払い）の抑制

　　──➤新薬開発費の減少，製薬産業の衰退をもたらす

②介護報酬

・介護職員の人手不足の解消……介護職の賃金の増加が必要

　　⟺公的負担と保険料の増加を抑制するために，介護報酬を抑制

5 すべての人が生きやすい社会に

(1)福祉政策への取り組み

・ノーマライゼーションや㊹＿＿＿＿＿＿＿＿＿＿＿＿の理念の一般化

・2006年：㊹＿＿＿＿＿＿＿＿新法……公共施設でのバリアフリー

　　　　化が図られている

・2013年：㊺＿＿＿＿＿＿＿＿＿法……支援対象に難病患者が

　　　　加わるなど，支援の範囲が拡大

・2020年：㊻＿＿＿＿＿＿＿＿法の改正……地域共生社会の実現，介護サー

　　　　ビス提供体制の強化──➤分野横断的な相談体制の整備

(2)課題

・地域社会の希薄化，少子高齢化の進行

　　──➤ ㊼＿＿＿＿＿＿世帯や高齢者の**単独世帯**の急増

・経済的格差の拡大──➤社会的，文化的な諸活動から排除される人々もいる

・都市部での認定保育所の不足──➤ ㊽＿＿＿＿＿＿＿＿＿の増加

・高等教育への公的支出は低水準にとどまる

　　　　↓

・社会的包摂（㊾

　　　　）に基づく福祉政策を進める必要性

FILE 公平で持続可能な年金制度のあり方

①2004年：㊿＿＿＿＿＿＿＿＿＿＿＿＿＿の導入

　　　……年金額の伸びを物価や賃金の伸びより抑えるしくみ

　　──➤高齢者の年金受給水準を抑制し，現役世代の保険料負担を抑える

②保険料未納者の問題──➤保険料免除制度や保険料納付猶予制度の活用

③非正規雇用への対応──➤厚生年金第2号被保険者の適用対象の拡大

1　次の記述を読み，正しければ○を，誤っていれば×を記入せよ。

①国民年金は，財源方法を賦課方式から積立方式に転換するために，20歳以上の全国民が加入する基礎年金へと改められた。　　　　　　　　　　　　　　　　　　　　　　　　　　　　　　（　　　）

②公的扶助は，生活困窮者に対して最低限度の生活を保障するものであり，生活保護法に基づいて，全額公費で運営されている。　　　　　　　　　　　　　　　　　　　　　　　　　　　　　（　　　）

③日本の医療保険は，自営業者などは国民健康保険に，民間被用者は健康保険に，公務員や私立学校職員は各種共済保険に加入するなど，「国民皆保険」が実現している。　　　　　　　　　　　　（　　　）

④労働者の職務中の災害には労災保険が適用され，その保険料は労使折半となっている。　（　　　）

⑤後期高齢者医療制度が導入され，75歳以上の老人医療費の無料化が実現した。　　　　（　　　）

2　資料「各国の公的社会支出の対ＧＤＰ比」から読み取ることができることとして適当なものを，次の①～④のうちから一つ選べ。

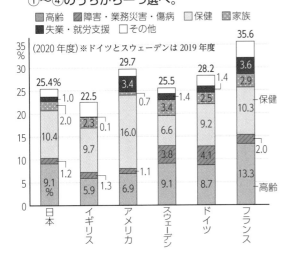

①「高齢」に対する公的社会支出の額は，イギリスよりもスウェーデンのほうが大きい。

②公的社会支出の総額は，6か国中フランスがもっとも大きい。

③日本の公的社会支出の中では，「高齢」に対する公的社会支出の額がもっとも大きい。

④イギリスはフランスと比較して，公的社会支出に占める「保健」の割合が大きい。

（　　　）

||||||||||||||||||||||||||||| チャレンジ |||||||||||||||||||||||||||||

1　日本の社会保障制度に関する記述として誤っているものを，次の①～④のうちからすべて選べ。

①介護保険は，40歳以上が支払う保険料と，国・地方公共団体が負担する公費から成り立っている。

②児童手当は，13歳未満の子どもがいる世帯のみに給付されている。

③年金給付を物価や賃金の上昇率ほどには引き上げないことで，年金給付額の抑制を図るために，マクロ経済スライドが導入されている。

④親などの世帯主の所得が高い場合には，学生納付特例制度の対象にならない。

（　　　　　　）

2　各国の社会保障制度に関する記述として正しいものを，次の①～④のうちからすべて選べ。

①アメリカでは，公的医療保険制度の対象は一部に限定されるため，民間保険に加入していない無保険者が多い。その解決手段として，いわゆる「オバマケア法」が2010年に成立した。

②スウェーデンなど北欧型の社会保障制度は，職域ごとの社会保険制度を中心としており，その財源は公費負担よりも労使双方の拠出による保険料が中心となっている。

③日本では，医療保険や介護保険の保険料は，職域や地域にかかわらず等しい金額とされている。

④イギリスのベバリッジ報告では，国家は最低限度の生活水準(ナショナル・ミニマム)を保障すべきであるとされた。

（　　　　　　）

30 諸課題へのアプローチ
格差の理由とその対策

論点　　現代日本における格差を是正するための政策は，どうあるべきだろうか。

1　現代日本にみられる格差の特徴

(1)教科書 p.128の資料■「所得再分配状況」から，世帯主の再分配所得が当初所得を上回る年齢は何歳以上だろうか，また，それはなぜだろうか。

(2)教科書 p.128の資料■「所得再分配状況」から，「高齢者世帯」「母子世帯」「その他の世帯」を，一人当たり再分配所得が多い順に並べてみよう。

　　　　　　　　（　　　　　　　　　　→　　　　　　　　　　→　　　　　　　　　　）

2　格差拡大のおもな要因

(1)バブル経済崩壊後の経済停滞とグローバル化への対策として，①企業がおこなったことと，②政府がとった政策について，考えられることを書き出してみよう。

　①企業がおこなったこと

　②政府がとった政策

(2)上記(1)の結果として雇用にどのような影響があったのだろうか，考えられることを記述してみよう。

(3)教科書 p.128の資料2「雇用形態別・年齢階級別の賃金」から，50〜54歳の男性における正規雇用と非正規雇用との賃金格差はどのぐらいあるだろうか。次のア〜エから選んでみよう。

　ア　約20万円　　イ　約10万円　　ウ　約5万円　　エ　ほぼ同額　　　　　　　　　（　　）

(4)教科書 p.128の資料3「世帯の貯蓄分布」から，各世帯で貯蓄分布が最も大きい金額を答えてみよう。

　勤労者世帯：（　　　　　　　　　　　）　高齢者世帯：（　　　　　　　　　　　）

(5)税制にみられる格差拡大の要因とは何だろうか，考えられることを記述してみよう。

3 労働政策の現状と課題

(1)教科書 p.129の資料■「最低賃金と実質賃金の推移」から，1990年以降の実質賃金指数はどのように変化しているのだろうか。また，それはなぜだろうか。

（記入欄）

(2)2010年代以降に政府が子育て世代への支援のために採用した労働政策について，２つあげてみよう。

①（　　　　　　　　　　　　　　　　　　　　　　　　　　　　）

②（　　　　　　　　　　　　　　　　　　　　　　　　　　　　）

4 社会保障政策の現状と課題

(1)子育て支援のために考えられる社会保障政策を２つあげてみよう。

①（　　　　　　　　　　　　　　　　　　　　　　　　　　　　）

②（　　　　　　　　　　　　　　　　　　　　　　　　　　　　）

(2)生活保護制度がかかえる課題について，考えられることを記述してみよう。

（記入欄）

(3)生活保護の拡充・増額に対して，どのような批判がなされているのだろうか。

（記入欄）

(4)貧困の問題を個人の責任とする主張に対して，どのような批判がなされているのだろうか。

（記入欄）

5 どのような対策が望ましいのだろうか？

・全額税収によって最低限の国民年金を全国民に支給する構想と，ベーシックインカムに対しては，どのような批判があるのだろうか。

（記入欄）

説明しよう

・日本における貧富の格差拡大には，どのような要因があるのだろうか。また，貧困問題を解決するためには，どのような対策が望ましいのだろうか。自分の考えを説明してみよう。

（記入欄）

31 演習問題②

問1　ケインズの学説についての記述として最も適当なものを，次の①〜④のうちから一つ選べ。知・技
①資本主義社会において，資本家が労働者を搾取することを批判し，唯物史観を唱えた。
②「見えざる手」によって，社会全体の調和が図られ利益が増大すると説き，労働価値説を唱えた。
③自由放任主義を批判し，不況の原因は有効需要の不足であるとして，財政・金融政策の必要性を主張した。
④大企業体制を批判し，社会が豊かになるにつれて，欲望は生産に依存するようになると主張した。
　　　　　　　　　　　　　　　　　　　　　　　　　　　　　　　　　　　　　　　（　　　）

問2　利潤についての記述として正しいものを，次の①〜④のうちから一つ選べ。知・技
①企業内部に蓄えられた利潤は，設備投資のような企業規模の拡大のための原資として用いられることがある。
②国民経済計算では，企業の利潤は雇用者報酬に分類される。
③企業の利潤は，賃金や原材料費などの費用に，生産活動により得られた収入をつけ加えたものである。
④株式会社の場合，利潤から株主に支払われる分配金は出資金とよばれる。　　　　（　　　）

問3　国民経済計算において国富を構成するものとして誤っているものを，次の①〜④のうちから一つ選べ。思・判・表
①世帯が保有する住宅　　　②世帯が保有する日本企業の株式
③企業が保有する商標権　　④政府が保有する道路　　　　　　　　　　　　　　　（　　　）

問4　経済活動を規制したり経済主体を保護したりすることを目的としている法律A〜Cと，それらの法律が必要とされる理由ア〜ウとの組みあわせとして最も適当なものを，下の①〜⑥のうちから一つ選べ。思・判・表
A　独占禁止法　　　B　大気汚染防止法　　　C　消費者契約法
ア　売り手と買い手との間に，情報や交渉力の格差があるため
イ　経済活動が，市場を通さずに他の経済主体に悪影響をおよぼす場合があるため
ウ　市場取引にまかせると，公正かつ自由な競争がおこなわれない場合があるため
①A—ア　B—イ　C—ウ　　②A—ア　B—ウ　C—イ　　③A—イ　B—ア　C—ウ
④A—イ　B—ウ　C—ア　　⑤A—ウ　B—ア　C—イ　　⑥A—ウ　B—イ　C—ア　（　　　）

問5　税についての記述として正しいものを，次の①〜④のうちから一つ選べ。知・技
①日本における国税は，租税法律主義の原則の下で，国会で議決された法律に基づいて定められている。
②タックスヘイブンとは，投機的な金融活動の抑制を目的に，国際的な資本取引に課税する構想のことである。
③税負担の逆進性とは，所得が低くなるに従って所得に占める税の負担率が低くなることである。
④日本の税務当局による所得の捕捉率は，農業者は高く，自営業者は中程度であり，給与所得者は低いといわれていることから，クロヨンとよばれている。　　　　　　　　　　　　（　　　）

問6　日本銀行がおこなう金融政策に関する記述として最も適当なものを，次の①～④のうちから一つ選べ。知・技

①日本銀行がおこなう金融政策は，財政政策とのポリシー・ミックスの観点から，憲法上，国会の議決を必要としている。

②日本銀行がおこなう金融政策は，金融制度に備わっている「景気の自動安定化装置」（ビルト・イン・スタビライザー）を利用しておこなわれる。

③預金準備率操作は，金融引き締めのために準備率の引き下げをおこない，金融緩和のために準備率の引き上げをおこなうものである。

④公開市場操作は，金融引き締めのために売りオペレーションをおこない，金融緩和のために買いオペレーションをおこなうものである。　　　　　　　　　　　　　（　　）

問7　右図は，国内銀行貸出金と企業倒産件数の推移について示したものである。貸出金と倒産件数の関係についての記述として正しいものを，次の①～④のうちからすべて選べ。思・判・表

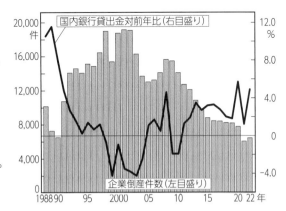

①国内銀行貸出金対前年比が減少すると，企業倒産件数はつねに増加する。

②企業倒産件数が多かった1990年代頃は，金融機関の不良債権問題が深刻化した時期である。

③世界金融危機が発生した年は，国内銀行貸出金対前年度比も，企業倒産件数も減少した。

④量的・質的金融緩和の開始以降は，企業倒産件数は減少傾向にある。　　　（　　）

問8　次のア～ウは，日本の農業政策をめぐる出来事についての記述である。これらの出来事を古いものから順に並べたとき，その順序として正しいものを，下の①～⑥のうちから一つ選べ。知・技

ア　国外からの輸入自由化の要求が高まったことをうけて，コメの全面関税化が実施された。

イ　食料自給率の向上と国内農家の保護のために，農家に対する経営所得安定対策が導入された。

ウ　コメの価格や流通に関する規制を緩和した食糧法（主要食糧の需給及び価格の安定に関する法律）が施行された。

①ア→イ→ウ　　　②ア→ウ→イ　　　③イ→ア→ウ
④イ→ウ→ア　　　⑤ウ→ア→イ　　　⑥ウ→イ→ア　　　　　　　　（　　）

問9　日本における民間の非正規労働者に関係する法律の内容を説明した次の記述A～Cのうち，正しいものはどれか。当てはまる記述をすべて選び，その組みあわせとして最も適当なものを，下の①～⑦のうちから一つ選べ。知・技

A　派遣労働者は，年次有給休暇を取得する権利がない。

B　一定の条件を満たす有期労働契約の労働者は，無期労働契約に転換する権利が保障されている。

C　フルタイム労働者だけでなくパートタイム労働者も，最低賃金法の適用を受ける。

①A　　②B　　③C　　④AとB　　⑤AとC　　⑥BとC　　⑦AとBとC　　（　　）

32 第1編の総合問題

問1　生存権をめぐる学説・判例についての記述として最も適当なものを，次の①～④のうちから一つ選べ。知・技

①法的権利説の立場では，国の施策が最低限度の生活を保障していなくても，国民が裁判で憲法第25条に基づいて争うことはできないと解されている。

②朝日訴訟最高裁判決は，当時の生活保護の基準が憲法第25条に違反していると判断した。

③堀木訴訟最高裁判決は，障害福祉年金と児童扶養手当の併給禁止が憲法第25条に違反していないと判断した。

④プログラム規定説の立場では，憲法第25条は国に生存権を実現する法的な義務を課していると解されている。　　　　　　　　　　　　　　　　　　　　　　　　　　　　　　　（　　　）

問2　日本国憲法下における内閣総理大臣についての説明として正しいものを，次の①～④のうちから一つ選べ。知・技

①内閣総理大臣は，国民審査において，投票者の多数が罷免を可としたときは罷免される。

②内閣総理大臣は，国会議員の中から，国民の直接投票によって選出される。

③内閣総理大臣は「同輩中の首席」とされており，他の国務大臣と同格の立場である。

④内閣総理大臣は，閣議を主宰し，内閣を代表して法律などの議案を国会に提出する。　（　　　）

問3　2001年に日本で実施された中央省庁の再編についての記述として最も適当なものを，次の①～④のうちから一つ選べ。知・技

①地方分権の推進によって地方行政に関する国の事務が減少したことから，自治省を廃止し，独立性の高い地方行政委員会を設置した。

②国土の総合的な利用・開発や社会資本の整合的な整備などを図るために，建設省，運輸省，農林水産省を統合し，国土交通省を設置した。

③財政と金融の統合を図るために，国内金融制度の企画立案や金融機関の監督をおこなう機関として，財務省に金融庁を設置した。

④内閣総理大臣の諮問に応じて，経済・財政運営や予算編成の基本方針などについて調査審議するために，経済財政諮問会議を設置した。　　　　　　　　　　　　　　　　　　　　（　　　）

問4　ある議会の定員は5人であり，議員は小選挙区制で選出される。この議会の選挙において，3つの政党A～Cが5つの選挙区ア～オで，それぞれ1人の候補者を立てた。右表は，その選挙での各候補者の得票数を示したものである。この選挙結果についての記述として正しいものを，下の①～④のうちから一つ選べ。思・判・表

選挙区	得票数			計
	A党	B党	C党	
ア	45	30	25	100
イ	10	70	20	100
ウ	40	30	30	100
エ	10	50	40	100
オ	40	25	35	100
計	145	205	150	500

①得票数の合計が最も少ない政党は，獲得した議席数が最も少ない。

②B党の候補者の惜敗率（当選者の得票数に対するB党の候補者の得票数の割合）が50％未満である選挙区はない。

③C党の候補者の惜敗率（当選者の得票数に対するC党の候補者の得票数の割合）が50％以上である選挙区はない。

④得票数の合計が最も多い政党は，死票の数の合計が最も多い。　　　　　　　　　　（　　　）

問5　経済学では，ある選択に対してさまざまな費用がかかると考えられている。いま，1,500円の料金を支払ってカラオケで遊ぶことができる。同じ時間を使って，アルバイトで1,800円の給与を得ることや，家事を手伝うことで1,000円の小遣いを得ることもできる。この三つの選択肢のうち一つしか選べない場合，カラオケの機会費用はいくらになるか。正しいものを，次の①〜④のうちから一つ選べ。 知・判・表

①1,000円　　②1,500円　　③1,800円　　④2,800円　　　　　　　　　　（　　　）

問6　ある国の2010年の名目ＧＤＰは500兆円，2011年の名目ＧＤＰは572兆円であった。また，2010年を100とした2011年のＧＤＰデフレーターは110であった。この国の，2011年の実質ＧＤＰと実質経済成長率の組みあわせとして最も正しいものを，①〜⑥のうちから一つ選べ。 思・判・表　　　　　　　（　　　）

	2011年の実質ＧＤＰ	2011年の実質経済成長率
①	455兆円	4.0%
②	455兆円	14.4%
③	500兆円	4.0%
④	500兆円	14.4%
⑤	520兆円	4.0%
⑥	520兆円	14.4%

問7　日本における公害への対策についての記述として誤っているものを，次の①〜④のうちから一つ選べ。 知・技
①足尾銅山から排出された鉱毒による被害をうけて，公害対策基本法が制定された。
②無過失責任の原則は，故意・過失の有無にかかわらず，公害を発生させた企業に賠償の義務を負わせるという考え方である。
③汚染者負担の原則とは，公害の発生源である企業が被害の補償費用や汚染の防止費用を負担するという考え方である。
④アスベスト(石綿)による被害をうけて，石綿健康被害者救済法が制定された。　　　　（　　　）

問8　金融に関連する記述として誤っているものを，次の①〜④のうちから一つ選べ。 知・技
①デリバティブは，株式や債券から派生した金融商品で，先物取引やオプション取引がある。
②ヘッジファンドによる短期の国際的な資金移動は，為替レートを変動させる要因となる。
③日本銀行の量的緩和政策は，金融政策の主たる誘導目標を政策金利として金融緩和を進めようとするものである。
④日本の短期金融市場には，金融機関どうしがごく短期間の貸借によって資金の過不足を調整するコール市場がある。　　　　　　　　　　　　　　　　　　　　　　　　　　　　　（　　　）

問9　図は，ある会社の求人情報である。図中の下線部Ａ〜Ｃについて，企業がこの求人情報の通りに労働者と労働契約を結んだ場合，雇用に関係する日本の法律に抵触するものはどれか。当てはまるものをすべて選び，その組みあわせとして最も適当なものを，次の①〜⑦のうちから一つ選べ。 思・判・表
①Ａ　　②Ｂ　　③Ｃ　　④ＡとＢ　　⑤ＡとＣ
⑥ＢとＣ　　⑦ＡとＢとＣ

求人情報
○○○○株式会社【販売スタッフ】
●パート・アルバイト
　Ａ労働時間：1日あたり6時間，週6日
　Ｂ雇用契約期間：3年
　時給：1,200円　交通費：自己負担
　Ｃ有給休暇：付与なし

（　　　）

33 国際社会の変遷

1 多極化する国際社会

(1)**❶**＿＿＿＿＿……冷たい戦争。第二次世界大戦後の米ソの二極化と対立

[西側（アメリカを中心とする**❷**＿＿＿＿主義諸国）]

政治：**❸**＿＿＿＿＿＿＿・ドクトリン

経済：マーシャル・プラン──▶西側諸国への経済援助

軍事：**❹**＿＿＿＿＿＿機構（ＮＡＴＯ）成立

[東側（ソ連を中心とする**❺**＿＿＿主義諸国）]

政治：コミンフォルム結成

経済：経済相互援助会議（ＣＯＭＥＣＯＮ）成立

軍事：**❻**＿＿＿＿＿＿＿＿機構（ＷＴＯ）成立

(2)冷戦期における多極化

・**❼**＿＿＿＿世界（非同盟諸国）……東西対立に巻き込まれないように，非同盟中立の立場を打ち出したアジア・アフリカの国々

・Ｇ７……経済成長を遂げた西側の先進国による首脳会議

TOPIC ─冷戦の終結─

①ソ連……ゴルバチョフ共産党書記長による**❽**＿＿＿＿＿＿＿（改革）とグラスノスチ（情報公開）の推進，新思考外交

②**❾**＿＿＿＿＿会談（1989年）……ブッシュ大統領（米）とゴルバチョフ書記長（ソ連）により，冷戦終結宣言

──▶1990年：東西ドイツが統一

1991年：**❿**＿＿＿＿＿＿＿＿（ＣＩＳ）が発足，ソ連崩壊

(3)冷戦終結後

①地域協力の進展

・ヨーロッパ：欧州連合（**⓫**＿＿＿＿）やＮＡＴＯが中・東欧に拡大

・東南アジア：東南アジア諸国連合（**⓬**＿＿＿＿＿＿＿）による地域協力が進展

②高まる新興国の存在感

・新興工業経済地域（ＮＩＥｓ）：新興国の中で，工業化を果たした国

──▶アジアでは韓国・台湾・香港・シンガポール

・ＢＲＩＣＳ：**⓭**＿＿＿＿＿・ロシア・**⓮**＿＿＿＿＿・中国・南アフリカの5か国。豊富な人口や天然資源を有し，2000年代以降に急成長

③多極化から無極化へ

・Ｇ７にロシア，ＥＵ，新興国を加えた**⓯**＿＿＿＿＿による国際会議

──▶地域をこえた大きな枠組みができる一方で，米中対立が深刻化

2 グローバル化する国際社会 〈課題探究➡教科書 p.228〜233〉

(1)グローバル化による影響

①ヒト・モノ・カネ・情報の国境をこえた移動が拡大

・**⓰**＿＿＿＿＿企業の台頭により，世界中で同じ商品を購入できる

・同じ地域に複数の民族集団が存在──▶多様化

②インターネットの普及により情報通信網が発達
　　・❼　　　　　　　　　　　　とよばれる巨大ＩＴ企業が世界経済を牽引
　　・2011年に中東・北アフリカで起きた反政府デモ「❽
　　　　　　」のように，民衆の政治的な連帯を促し，社会を動かすこともある
　　・世界的な❾　　　　　　　　　　　　・デバイド──→格差問題が深刻化
(2)グローバル化にともなう問題
　①一国で発生した金融危機や感染症が世界に拡大
　②移民をめぐる問題
　　・不況期には自国民の雇用を優先するため，移民は失業に陥りやすい
　　・ヨーロッパ：旧植民地，中・東欧から多くの移民を受け入れる一方で，
　　　❿　　　　　　　　　　　　　　政党が躍進──→移民排斥の動きが高まる
　　※異なる文化や価値観を認めあう⓫　　　　　　　主義に基づき，社会に
　　　おける包摂(インクルージョン)や多様性(⓬　　　　　　　　　　　　)を
　　　重視し，⓫　　　　　　　共生社会を築いていく必要がある
　③難民をめぐる問題……テロにより難民が大量発生
　　・受け入れ国では，難民の取り扱いをめぐって，国家間や国内で政治的対
　　　立が発生
　　・国連難民高等弁務官事務所(⓭　　　　　　　　　　　　　)による保護
　　・日本：難民条約に加入し，出入国管理及び難民認定法を制定。ミャンマー
　　　の少数民族を⓮　　　　　　　　　　　難民として受け入れ
　　　　──→他の先進国と比べると，難民受け入れ数はきわめて少ない

③　テロの脅威とさまざまな対立

(1)テロと「力の支配」
　①アメリカ⓯　　　　　　　　　　事件(2001年９月11日)
　　　──→タリバン政権下の⓰　　　　　　　　　　　　　　を攻撃
　②ロシア：⓱　　　　　　　　　　　　　　へ軍事介入(2014年～)
　③中国：積極的な海洋進出により周辺諸国と対立
　　　　アジア・インフラ投資銀行(⓲　　　　　　　　　　　)の設立，「⓳
　　　　　　　　　」構想──→国際社会における影響力を高める
(2)さまざまな対立
　①イスラームの宗派対立：多数派の㉚　　　　　　　　派と少数派の㉛
　　　　　　　　　派の武力衝突──→シリアやイラクの内戦が激化
　②宗教間の対立：イスラーム諸国とイスラエルとの対立
　③ナショナリズムの高まり──→自民族中心主義(㉜
　　　　　　　　　　　)や排外主義が台頭──→対立，分断，人道危機
(3)国際協力の模索……国連などの国際組織や非政府組織(㉝　　　　　　　　　)の
　重要性が増す
　　・㉞　　　　　　　　　　　　　・インターナショナル：国家権力による人
　　　権侵害の告発や死刑制度の廃止を訴える
　　・㉟　　　　　　医師団：紛争地や難民キャンプなど医療施設のない
　　　地域で医療活動をおこなう
　　・地雷禁止国際キャンペーン：対人地雷全面禁止条約の成立に関与

サポート
❼とは，アメリカの主要
ＩＴ企業であるグーグル，
アマゾン，フェイスブッ
ク(メタ)，アップルをさ
す。

サポート
⓾は大衆迎合ともいわれ
る。⓾政党においては，
政治家が巧みなことばで
国民の感情をあおること
で，集団的熱狂に変化す
る可能性をもつ。

サポート
⓫共生社会の実現に向け
て，多言語化やユニバー
サルデザインに配慮した
取り組みが求められてい
る。

サポート
「⓳」構想とは，中国から
ヨーロッパにかけての経
済圏構想であり，現代版
シルクロードともいわれ
る。

考察
現在の国際社会における
さまざまな対立は，どの
ようなことが原因で起き
ているのだろうか。

1　次の記述を読み，正しければ○を，誤っていれば×を記入せよ。

①冷戦期には，アメリカを中心とする資本主義国とソ連を中心とする社会主義国が，政治・経済・軍事などのあらゆる面で対立した。　　　　　　　　　　　　　　　　　　　　　　　　　（　　）

②非同盟中立を打ち出したアジア・アフリカの国々は第三世界とよばれた。　　　　　　（　　）

③ゴルバチョフは，国内ではペレストロイカやグラスノスチを推進する一方で，外交ではアメリカとの対立を深め，軍備の増強を図った。　　　　　　　　　　　　　　　　　　　　　（　　）

④ＢＲＩＣＳの国々は，豊富な人口や天然資源を背景に，2000年代以降急成長を遂げた。　（　　）

⑤Ｇ20とは，Ｇ７にロシアや新興国が加わった枠組みであり，ＥＵなどの地域共同体は含まれていない。　　　　　　　　　　　　　　　　　　　　　　　　　　　　　　　　　　　　　（　　）

⑥日本は難民条約に加入しておらず，難民の受け入れはおこなっていない。　　　　　（　　）

2　図は，国際社会の変容について示したものである。Ａ～Ｇに当てはまる語句を答えよ。

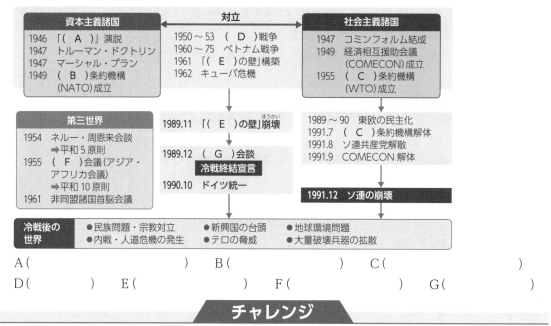

A（　　　　　　　　　　　　　）　　B（　　　　　　　　　）　　C（　　　　　　　　　　　　）

D（　　　　　）　　E（　　　　　　　　　　　）　　F（　　　　　　　　　）　　G（　　　　　　　）

1　多極化に関する記述について正しいものを，次の①～④のうちから一つ選べ。

①冷戦期に，ヨーロッパの国々は東西冷戦に巻きこまれないように非同盟中立の立場を打ち出した。

②北大西洋条約機構は，冷戦終結後も，東側に属していた国の加入を認めていない。

③国際社会における新興国の存在感は高まり，Ｇ20にはＢＲＩＣＳの５か国すべてが含まれている。

④中国は急速に経済力を増し，2010年代にはＧＤＰが世界第１位となった。　　　　　　（　　）

2　グローバル化の影響に関する記述について誤っているものを，次の①～④のうちからすべて選べ。

①グローバル化によってヒトの移動が活発化しているが，日本は島国であるため，在留外国人の数は20年前からほとんど増加していない。

②グローバル化する社会の中では，互いに異なる文化を認めあう多文化主義の考え方が重要である。

③グローバル化の負の側面があらわれた例として，リーマン・ショックに端を発する世界金融危機や，新型コロナウイルス感染症の拡大があげられる。

④グローバル化により，世界中の誰もがＩＴ・デジタル社会の恩恵を享受できるようになったことで，世界の経済格差は縮小しつつある。　　　　　　　　　　　　　　　　　　　　　　　　　（　　）

34 国際法の意義

1 主権国家と国際社会

・主権国家……各国家は主権をもち，それぞれが平等な立場にある
・❶_____(仏)……『国家論』で主権の概念を提唱
・❷_____条約……三十年戦争の講和条約と
　して1648年に締結━━ヨーロッパで主権国家体制が成立
・現代における主権の意味
　①国家の最終的な意思を決定する権力
　②国家がその領域内のすべての人を統治する最高権力(❸_____権)
　③他国からどのような干渉も許さない独立した権力

2 国際法の意義と役割

(1)国際法……諸国家が従うべきルール
・❹_____(オランダ)……「国際法の父」として知られ，
　❺_____法の立場から国際法を理論的に体系づける
　主著：『❻_____の法』『海洋自由論』
・国際法の形式による分類
　①❼_____法：多数の国家の一般慣行
　　例)主権平等，領土の不可侵，❽_____不干渉，❾_____自由，
　　❿_____自決の原則など
　②⓫_____：国家間の意思を明文化したもの。広い意味では，協定，
　　宣言，憲章，規約，議定書なども含まれる
　※19世紀後半から❼_____法の成文化が進み，さまざまな⓫
　　_____が国家間で結ばれてきた
(2)戦争の違法化
・近代まで：⓬_____法によって開戦の手続きなどを規定
・1928年：⓭_____条約(ケロッグ・ブリアン協定)締結……自衛権の行
　使を除いて戦争を違法化。条約違反に対する制裁は規定されず
・1945年：国際連合憲章調印……戦争の違法化をより徹底

3 国際紛争と国際裁判

・国際裁判所……国家間の紛争を，国際法に基づいて平和的に解決
　①⓮_____裁判所(PCA)：国際紛争の当事者の合意によって
　　法廷が設置され，話しあいによって紛争の処理を進める
　②⓯_____裁判所(ICJ)：国連の主要機関の一つ
　　本部：オランダの⓰_____　裁判官：15名(任期は 9 年)
　　・裁判にはすべての当事国の合意が必要━━裁判に付されない紛争が多い
　　・裁判の判決は法的拘束力をもつが，判決を強制する権力なし
　③⓱_____裁判所(ICC)：2003年設立
　　本部：オランダの⓰_____　裁判官：18名(任期は 9 年)
　　・集団殺害(⓲_____)犯罪・戦争犯罪・人道に対す
　　る犯罪・侵略犯罪について，⓳_____の責任を問う

<table>
</table>

サポート
⑰裁判所，㉑裁判所，欧州評議会の欧州人権裁判所などは，個人，NGO，企業などの非国家主体も対象とする。

サポート
国際海洋法裁判所は，⑳条約の解釈や運用において生じるさまざまな紛争を解決するために活動し，その判決は法的拘束力を有する。

サポート
㉒特別法廷は，ポル＝ポト政権で起きた大量虐殺を裁くために設置された。

考察
なぜ，日本は移住労働者権利条約を批准していないのだろうか。また，日本が批准していない条約には，そのほかにどのようなものがあるのだろうか。

・日本は2007年に加盟。アメリカ・ロシア・インド・中国などは未批准

④そのほかの国際裁判所
・国際海洋法裁判所：海洋に関する諸問題について規定した⑳_____条約に基づき設置
・㉑_____裁判所：地域的な国際裁判所。EUの法令や条約が厳格に適用されることを目的に設置

⑤国際戦犯法廷：紛争時における個人の犯罪を裁く特別裁判所。国連安保理決議に基づいて設置される
例）旧ユーゴスラビア国際戦犯法廷(1993年)，ルワンダ国際戦犯法廷(1994年)，㉒_____特別法廷(2006年)

4 国際法における人権保障

(1)人権保障の国際化……第二次世界大戦後，ファシズムによる人権の抑圧や戦争の惨禍に対する反省から，人権を国際的に保障する動きが広がる

①㉓_____……1941年に米のフランクリン＝ローズベルト大統領が提唱。言論と表現の自由，信仰の自由，欠乏からの自由，恐怖からの自由の4つ

②㉔_____宣言……1948年に国連総会で採択。自由権だけでなく社会権などについても幅広く規定。法的拘束力はなし

③㉕_____規約……1966年に国連総会で採択。㉔_____宣言を具現化して法的拘束力をもたせた
・社会権規約（A規約）……日本は，公務員のストライキ権など一部を留保して1979年に批准。選択議定書については未批准
・自由権規約（B規約）……日本は1979年に批准。第一選択議定書(個人通報制度)と第二選択議定書(㉖_____廃止条約)については未批准

(2)そのほかの主要な条約

採択年	条　約
1948	ジェノサイド条約……集団殺害罪の防止とその処罰について規定
1965	㉗_____撤廃条約……南アフリカでのアパルトヘイト政策などを背景に採択
1979	㉘_____撤廃条約……女性に対するあらゆる差別の撤廃に必要な措置を加盟国に義務づけ
1980	ハーグ条約……国際結婚の破綻に際して，夫婦の片方が子どもを正当な理由なく外国に連れ去った場合，元の国に送り返すことを規定
1989	子どもの権利条約……㉙___歳未満の子どもの基本的権利を規定
1990	移住労働者権利条約……外国人労働者の人権について規定。日本は未批准
2006	障害者権利条約……障害のある人が参加しやすい社会をめざす
2007	㉚_____の権利に関する国連宣言

(3)近年の国際的な人権の動き
・㉛_____法の締結に向けた動きが活発化
└武力紛争時の非戦闘員の保護などを定めたさまざまな条約

100

- ㉜ _____……国連の下部組織の一つ。各国政府に対して
  人権状況の改善を勧告

⑤ 領域と主権

(1)国家の三要素……国家は，①㉝ _____ (領土・領空・領海)，②㉞ _____
_____ ，③主権からなる

＜主権の及ぶ範囲＞

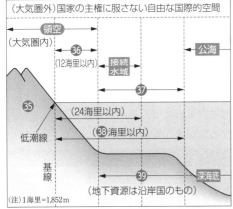

(大気圏外)国家の主権に服さない自由な国際的空間　㉟
領空
(大気圏内)　　　　　　　　　　　　　←公海　㊲
　　　　㊱　接続
　　　　(12海里以内)　水域
　　　　　　　　　　㊲　　　　　　　㊳
㉟
低潮線　　(24海里以内)　　　　　　㊴
　　　(㊳海里以内)
基
線　　　　　㊴　　←深海底
(注)1海里=1,852m　(地下資源は沿岸国のもの)

(2)領土をめぐる問題……国境を画定するための戦争が繰り返されてきた
- ㊵ _____ 紛争：インドとパキスタンの対立
- ㊶ _____ 問題：イスラエルとアラブ諸国の対立
- スプラトリー諸島(南沙諸島)をめぐる問題：中国が領有権を主張し，東南
  アジア諸国と係争中

📁 FILE 日本の領土と領海をめぐる情勢

①㊷ _____ 問題：第二次世界大戦後から，ソ連(ロシア)が択
捉島・㊸ _____ 島・色丹島・歯舞群島を不法に占拠

②㊹ _____ 問題：1950年代から韓国が不法に占拠。日本はICJへの
付託を数度にわたって提案したが，韓国は拒否

③㊺ _____ 諸島をめぐる情勢：中国が領有権を主張。日本政府は，日
本固有の領土であることは疑いなく，解決すべき領有権の問題は存在し
ないとの立場

(3)主権をめぐる問題
- 北朝鮮による，日本人㊻ _____ 問題……1970〜80年代にかけて，日本
  人が北朝鮮に連れ去られた。2002年には，被害者のうち5人が帰国したが，
  他の被害者はいまだに帰国していない

⑥ 国際法による主権の制限

・国際法により主権に一定の制限─→国家間の対立の予防・解消を図る
- 内戦により人道危機が続発……㊼ _____ や国内避難民の大量発生，飢
  餓，ジェノサイドなど
  ─→国際社会による㊽ _____ する責任の考え方が提唱される
- ヨーロッパ：EUを形成して各種法令を定め，加盟国の主権を制限
  ─→2020年には㊾ _____ がEUを離脱するなど，離脱派が影
  響力を強める

よみとき
教科書 p.179資料 7 から，
「自由な国」の割合にどの
ような変化がみられ，ま
た，その変化はなぜ起き
ているのだろうか，考え
てみよう。

サポート
ユダヤ人が，祖先の地で
ある㊶に戻ってイスラエ
ルを建国したことで，そ
れまで㊶に住んでいたア
ラブ人との間で対立が生
じた。この対立は4次に
わたる中東戦争に発展し，
現在も解決には至ってい
ない。

サポート
中国が，㊺諸島の領有権
を主張するようになった
のは，近海における石油
の埋蔵が指摘されはじめ
た1970年代からだといわ
れる。

サポート
㊼とは，戦争や紛争のた
め，あるいは政治的な迫
害を理由として外国に逃
れる人々をさす。

1　次の記述を読み，正しければ○を，誤っていれば×を記入せよ。

①第一次世界大戦の講和条約であるウェストファリア条約の締結をきっかけに，ヨーロッパで主権国家体制が成立した。　　　　　　　　　　　　　　　　　　　　　　　　　　　　　　　（　　）

②ボーダンは，『戦争と平和の法』において諸国家が従うべきルールがあると主張し，「国際法の父」とよばれた。　　　　　　　　　　　　　　　　　　　　　　　　　　　　　　　　　　　（　　）

③国際法は，国際慣習法と条約に分類され，公海自由の原則のように条約だったものが国際慣習法になる場合もある。　　　　　　　　　　　　　　　　　　　　　　　　　　　　　　　　　　　（　　）

④国際司法裁判所は，おもに国家間の紛争について扱う。　　　　　　　　　　　　　　　　（　　）

⑤紛争時における個人の犯罪を裁く国際戦犯法廷は，これまで一度も開かれたことはない。　（　　）

⑥国際人権規約は，世界人権宣言をより具体化し，法的拘束力をもたせたものである。　　（　　）

⑦日本は，ロシアとの間に北方領土問題，中国との間に竹島問題をかかえている。　　　　（　　）

2　表は，国内社会と国際社会を比較したものである。表内のA～Cに当てはまる語句を答えよ。

A（　　　　　　　　）
B（　　　　　　　　）法
C（　　　　　　　　）裁判所

	国内社会	国際社会
法の種類	憲法・法律・条例など	（　B　）法・条約
立法機関	議会	なし。ただし，国家間での合意や国際機関での条約の制定などがある
司法機関	（　A　）が強制的に管轄する。当事者の一方が訴えることで裁判が始まる	当事者が合意した場合に限り，（　C　）裁判所が管轄する
行政機関	政府	なし
法の執行機関	警察・検察・裁判所など	なし　ただし，国際機関が一部補完

チャレンジ

1　主権の及ぶ範囲に関する記述について正しいものを，次の①～④のうちから一つ選べ。

①大気圏外は，国家の主権に服さない自由な国際的空間とされており，どこの国にも属さない。

②領海を除いて基線から12海里までを排他的経済水域といい，沿岸国には天然資源の開発などの権利が認められている。

③他国の排他的経済水域を許可なく航行することは認められていない。

④排他的経済水域の上空を領空という。　　　　　　　　　　　　　　　　　　　　　　　（　　）

2　領土や主権をめぐる問題に関する記述について正しいものを，次の①～④のうちから一つ選べ。

①インドとパキスタンとの間にはチェチェン問題が存在し，20世紀には数次にわたって印パ戦争が発生した。

②イスラエルとアラブ諸国との間にはパレスチナ問題が存在し，20世紀には数次にわたって中東戦争が発生した。

③日本とロシアとの間には北方領土問題があるが，北方四島のうち二島は日ソ共同宣言の締結と同時に日本に返還された。

④日本人拉致問題について，北朝鮮は拉致の事実を認めていない。　　　　　　　　　　　（　　）

35 国際機構の役割

1 国際機構

(1)**国際機構**(国際機関)……複数の国家が加盟国となり，国際問題の解決に向けて取り組む組織

- ❶_____(国連)……政治体制や経済発展の程度にかかわらず，全世界的に加盟国をもつ唯一の国際機構

(2)国家間の安全保障の形態

①❷_____：敵対関係にある国家群が，相互に力のバランスを維持することで，軍事衝突の起きない状況をつくり安全を図る

例)第一次世界大戦前の❸_____(ドイツ・イタリア・オーストリア)と❹_____(イギリス・フランス・ロシア)の対立

②❺_____：対立する国家も含めてすべての関係国が同じ組織に参加することで安全を図る

例)国際連盟，❶_____

2 国際連合の普遍性と意義 / 国際連合の機能と役割

(1)国際連盟……❻_____米大統領が提唱した十四か条の平和原則に基づき，1920年に設立

- 採決手法は❼_____制で，会議の運営が難航
- 議決は勧告を限度とし，侵略国には経済制裁しかおこなえない
- アメリカは不参加。日本・ドイツ・イタリアは脱退

——→平和維持機能を十分に発揮できず，第二次世界大戦が勃発

——→1945年，❶_____(国連)が設立

(2)国連の目的(国連憲章第1条)

①国際社会の❽_____と安全の維持，②諸国家間の友好関係の発展，③経済的・社会的・文化的・人道的な面での国際協力の推進

(3)国連の主要機関

①❾_____：全加盟国により構成

- 決議での投票は❿_____制。一般事項は過半数，重要事項は3分の2以上の多数で議決

②⓫_____理事会(安保理)：平和と安全の問題について軍事的強制措置を含めて決定する機関

- 5か国の**常任理事国**(5大国＝アメリカ・イギリス・フランス・ロシア・中国)と，総会で選出された10か国の非常任理事国により構成
- 手続き事項は9か国の賛成が必要
- 実質事項は⓬_____をもつすべての常任理事国の同意を含む9か国の賛成が必要(⓭_____の原則)

※冷戦期には，米ソ対立により⓬_____が頻繁に発動——→1950年の国連総会で「⓮_____」決議が採択——→

⓯_____に出席し，かつ投票した加盟国の3分の2以上が賛成すれば，平和維持のために必要な措置を勧告できる

③⑯ ＿＿＿＿＿＿＿＿＿＿＿ 理事会：多くの委員会や専門機関の活動を調整し，経済・社会問題に対処。ＳＤＧｓに関する議論もなされる

※国連の専門機関……国連教育科学文化機関（ＵＮＥＳＣＯ），⑰ ＿＿＿＿＿＿＿＿＿＿＿ ＿＿＿＿＿＿＿＿機関（ＷＨＯ），国連児童基金（ＵＮＩＣＥＦ），⑱ ＿＿＿＿＿＿＿＿ ＿＿＿＿＿＿＿＿＿＿＿＿事務所（ＵＮＨＣＲ），世界食糧計画（ＷＦＰ），⑲ ＿＿＿＿＿＿＿＿＿＿＿機関（ＩＬＯ），国連貿易開発会議（ＵＮＣＴＡＤ）など

④国際司法裁判所（ＩＣＪ）

⑤⑳ ＿＿＿＿＿＿＿＿＿＿＿：国連の日常業務をおこない，他機関が決定した計画や政策を実施

⑥㉑ ＿＿＿＿＿＿＿＿＿＿＿ 理事会：現在活動休止中

(4)国連の課題

・軍備の縮小，発展途上国への援助，人口問題への取り組み

・加盟国による分担金の滞納や安保理の構成など，国連内部の課題もある

③ 平和維持活動

(1)㉒ ＿＿＿＿＿＿＿＿＿＿＿（ＰＫＯ）……国連の安全保障機能

・国連憲章上に明文の規定はなく，「６章半活動」ともいわれる

(2)ＰＫＯの三原則

①関係国の㉓ ＿＿＿＿＿＿＿＿ を必要とする，②中立性を保つ，

③㉔ ＿＿＿＿＿＿ 以外の武力を行使しない

(3)ＰＫＯの目的……紛争の沈静化，紛争解決の支援

・㉕ ＿＿＿＿＿＿＿＿＿ 団：停戦を監視

・㉖ ＿＿＿＿＿＿＿＿＿ 軍（ＰＫＦ）：紛争当事者間に立って紛争の拡大を防止

・㉗ ＿＿＿＿＿＿＿＿＿ 団：紛争後の選挙を監視

※国連憲章第42条に規定される㉘ ＿＿＿＿＿＿＿＿＿＿ は，これまで創設されたことがない

※㉙ ＿＿＿＿＿＿＿＿＿＿：複数の国の部隊により構成。安保理の決議に基づいて組織されるが，国連に指揮権はない

例）イラク，ソマリア，コソボ，アフガニスタンなどに派遣

④ 地域的な国際機構の役割

・冷戦後：民主主義と人権意識の広まり──→地域協力も進展

①ヨーロッパ：㉚ ＿＿＿＿＿＿＿＿＿＿＿（ＥＵ），欧州安全保障協力機構（㉛＿＿ ＿＿＿＿＿＿＿＿＿＿）

※㉜ ＿＿＿＿＿＿＿＿＿＿ 条約（2009年発効）……ＥＵ大統領やＥＵ外相がおかれ，加盟国が合意した場合には安全保障協力も可能に

②アメリカ：米州機構（ＯＡＳ）

③アジア：㉝ ＿＿＿＿＿＿＿＿＿＿＿＿＿ 連合（ＡＳＥＡＮ）

──→ＡＳＥＡＮ㉞ ＿＿＿＿＿＿＿＿＿＿＿＿（ＡＲＦ）の開催，東アジア首脳会議（ＥＡＳ）の設置，ＡＳＥＡＮ共同体の設立

④アフリカ：アフリカ連合（㉟＿＿＿＿＿＿）

サポート

㉑理事会は，第二次世界大戦時などに植民地となった地域の独立に向けた支援を目的として，創設された。1994年にパラオが独立したことを受けて活動を停止した。

考察

これまでのＰＫＯの成果と課題には，どのようなものがあるのだろうか，具体的な事例をいくつか調べた上で，考えてみよう。

サポート

ＡＳＥＡＮ㉞は，アジア太平洋地域における政治・安全保障問題について協議する政府間フォーラムで，ＡＳＥＡＮ以外に，日本，アメリカ，ＥＵなども参加している。

1　次の記述を読み，正しければ〇を，誤っていれば×を記入せよ。

　①第一次世界大戦前の三国同盟と三国協商の対立は，勢力均衡の例といえる。　　　　（　　）

　②国際連盟では多数決による採決方法が採用されたため，組織の意思決定は難航し，その結果，第一次世界大戦が勃発した。　　　　（　　）

　③国連は，平和と安全の維持や諸国家間の友好関係の構築を目的としており，経済面での国際協力の推進はめざされていない。　　　　（　　）

　④国連総会の決議での投票権は，人口に応じて各国に票数が割り振られている。　　　　（　　）

　⑤国連安保理は，5か国の常任理事国と10か国の非常任理事国によって構成されている。　　　　（　　）

　⑥安保理の実質事項は，常任理事国を1か国以上含む9か国が賛成しなければならない。　　　　（　　）

　⑦湾岸戦争ではアメリカを中心とする多国籍軍が組織され，日本もこれに参加した。　　　　（　　）

2　図は，国際連合の予算分担率について示したものである。国連分担金に関する記述として正しいものを，次の①〜④のうちから一つ選べ。

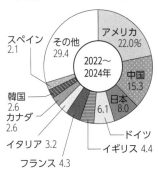

各国のGNIなどを基礎に算出。
3年に1度見直される。

　①安全保障理事会の常任理事国である5大国の予算分担率の合計は，全体の5割をこえる。

　②かつては日本が分担率1位であったが，米中の経済成長により，現在は3位となっている。

　③予算分担率は安保理によって決定されるが，総会はその変更を要求することができる。

　④財政上・政治上の理由から分担金の支払いを滞納している国も多く，国連は財政難に陥っている。　　　　（　　）

1　国連の組織や活動に関する記述について正しいものを，下の①〜④のうちから一つ選べ。

　①国連事務総長は，安保理の常任理事国の国民の中から選出される。

　②これまで，緊急特別総会の勧告に基づく強制措置がとられたことはない。

　③国連の通常予算の額は，日本の一般会計予算額よりも高い。

　④国連は，総会・安全保障理事会・経済社会理事会・信託統治理事会・人権理事会・事務局の6つを主要機関として位置づけている。　　　　（　　）

2　国連に関する記述について正しいものを，次の①〜④のうちから一つ選べ。

　①国連安全保障理事会の常任理事国は，9か国で構成されている。

　②国連安全保障理事会の非常任理事国の任期は2年で，総会で選出される。

　③国連憲章では，集団的自衛権の行使は認められていない。

　④国連の平和維持活動は，国連憲章に基づく国連軍により遂行されている。　　　　（　　）

3　国連の動きについて，次の①〜⑥のできごとを古い年代から順に並べよ。

　①総会で世界人権宣言が採択された。

　②安全保障理事会で「核兵器のない世界」をめざす決議が採択された。

　③韓国と北朝鮮が国連に同時加盟を果たした。

　④総会で国際人権規約が採択された。

　⑤国連人権理事会が設立された。

　⑥スイスが国連に加盟した。　　　　（　　→　　→　　→　　→　　→　　）

36 国際紛争と軍縮への取り組み

1　国際紛争の諸要因と紛争当事者の変化 〈課題探究➡教科書 p.252〜257〉

(1)国家間の利害の不一致──**紛争に発展**

・紛争のおもな要因

　①❶＿＿＿＿＿＿＿的要因：領土をめぐる対立，イデオロギーの対立

　②経済的要因：天然資源や関税率をめぐる対立

　③社会・文化的要因：人種・民族・言語・❷＿＿＿＿＿＿＿などをめぐる対立

・国家間における対立の最終手段として，武力行使をともなう**戦争**が発生

　└❸＿＿＿＿＿＿＿戦争(2003年)：大量破壊兵器を開発している可能性が

　　あるとして，アメリカが一方的に武力行使──➤証拠は発見されず

(2)冷戦後の状況

・一国内で複数の集団が武力衝突にいたる❹＿＿＿＿＿＿＿が大幅に増加

・❺＿＿＿＿＿＿＿＿＿の組織化──➤被害も深刻化

(3)地域紛争の事例

　①領土をめぐる問題

　　・❻＿＿＿＿＿＿＿＿問題：インドとパキスタンの対立

　　・**パレスチナ問題**：❼＿＿＿＿＿＿＿とアラブ諸国の対立で，4

　　　次にわたる❽＿＿＿**戦争**が発生──➤❾＿＿＿＿＿合意(1993年)

　　　──➤❿＿＿＿＿＿(ＰＬＯ)による暫定自

　　　治政府が成立(1995年)

　　・ロシアによる⓫＿＿＿＿＿＿＿侵攻……2014年にクリミア半島

　　　併合──➤2022年に全土を攻撃

　②独立をめぐる問題

　　・チェチェン紛争：独立を図るチェチェンに⓬＿＿＿＿＿＿軍が侵攻

　　・⓭＿＿＿＿＿＿＿問題：イギリスからの独立を求めて

　　　テロが発生──➤1998年にイギリス政府と独立派の間で和平合意

　　・⓮＿＿＿＿＿＿＿独立運動：スペインからの独立の是非を

　　　問う住民投票を2017年に実施

　　・旧⓯＿＿＿＿＿＿＿紛争：チトー大統領の死と冷戦終

　　　結によって民族間対立が激化──➤分離・独立が進む

　　・⓰＿＿＿＿＿＿＿独立運動：インドネシアからの分離独立

　　　をめぐる紛争──➤2002年に独立

　③アフリカの状況

　　・植民地時代に画定された人為的な⓱＿＿＿＿＿＿＿が対立の火種に

　　・⓲＿＿＿＿＿＿内戦：1991年に反政府勢力によって政権が崩壊──➤国

　　　家が分裂し，無政府状態に

　　・⓳＿＿＿＿＿＿内戦：多数派のフツ族と少数派のツチ族との対立

　　　──➤民族間の融和・和解とともに，経済成長も進む

　　・⓴＿＿＿＿＿＿内戦：北部のアラブ人と南部の黒人の対立に加え

　　　て，ダルフール紛争も──➤南部は2011年に独立

サポート

❷のうち，世界で最も多くの人が信仰しているのはキリスト教である。

サポート

❻地方については，中国も一部の領有を主張している。

サポート

⓭問題は，カトリック系(ケルト系)住民とプロテスタント系(アングロサクソン系)住民の対立でもある。

サポート

⓰や南⓴は独立し，国連に加盟したが，2008年にセルビアから独立したコソボについては，独立に反対する国が多く，国連加盟を果たせていない。

② 深刻化する難民問題 / 紛争の平和的な解決に向けて

〈課題探究➡教科書 p.228～233〉

(1)難民……戦火や政治的な迫害などを理由に外国に逃れる人々

- ㉑ _____……国内にとどまったまま避難生活をしている
人々で，難民とは区別される

- ㉒ _____……「難民の地位に関する条約」(1951年採択)と「難
民の地位に関する議定書」(1967年採択)の総称。難民問題解決のための国
際的な取り決めがなされている

──➤ ㉓ _____の原則……迫害のおそれ
のある国に難民を追放・送還してはならないという原則

※経済的な理由で祖国を離れた人々や㉑ _____ は，㉒
_____ の保護・救済の対象外

- ㉔ _____事務所（ＵＮＨＣＲ）……難民
キャンプの設置など，難民に対する保護活動を実施

- ㉕ _____……難民を最初の避難先から別の国に送り，そ
こでの長期的な滞在を認める制度

(2)難民の事例

- ㉖ _____難民……2011年に発生した内戦により多くの難民が発生。
多くの難民が地中海を渡ってヨーロッパに向かった

- ㉗ _____難民……ミャンマーの少数民族でありながら，
1982年に成立したミャンマーの国籍法により国籍を剥奪された

(3)紛争の防止に向けて

- ㉘ _____外交……情報共有，外交的説得，経済制裁などによって，対
立が紛争に発展しないように早期に対処すること

③ 軍縮と核廃絶への努力

(1)㉙ _____論……攻撃を受けたら核兵器で報復するという意思を示す
ことで，他国からの攻撃を防ぐという考え方──➤核軍拡競争へ

- 1945年：8月6日に㉚ _____，9日に㉛ _____へ原子爆弾投下

- 第二次世界大戦後，米ソを中心に核開発が進む

1952年：アメリカが水素爆弾を開発

1957年：米ソがともに大陸間弾道ミサイル（ＩＣＢＭ）を開発

──➤その後，イギリス，フランス，中国も核兵器を保有

1974年：㉜ _____が核実験に成功

1998年：㉝ _____が核実験に成功

──➤イスラエルの核保有疑惑，㉞ _____の核実験(2006年以降)，
イランへの核拡散なども懸念

(2)反核運動

- 1950年：㉟ _____・アピール……核兵器の使用
禁止の声明

- 1955年：㊱ _____宣
言……核廃絶と原子力の平和利用を訴える

──➤1957年：㊲ _____会議結成

難民や国内避難民は，ど
のような地域で多く発生
しているのだろうか。ま
た，難民や国内避難民を
支援するためには，どの
ような取り組みが求めら
れているのだろうか。

サポート

日本は，実戦で原子爆弾
が使用された唯一の被爆
国である。㉚の爆心地の
近くにある原爆ドームは，
世界遺産に登録されてい
る。

サポート

㊱宣言は，著名な哲学者
や科学者らによる宣言で，
日本からは物理学者の湯
川秀樹が署名した。

サポート
ＰＴＢＴでは，大気圏内・宇宙空間・水中における核実験が禁止されたが，地下核実験については禁止されなかった。

サポート
ＣＴＢＴは，核爆発が生じない実験までは禁止していないとして，アメリカは未臨界実験を続けている。

考察
日本政府は毎年，国連に「核廃絶決議案」を提出しているにもかかわらず，核兵器禁止条約に反対の立場をとっているのは，なぜなのだろうか。

サポート
カットオフ条約は，兵器用核分裂性物質生産禁止条約ともよばれる。高濃縮ウランやプルトニウムの生産を禁止することによって，核兵器の生産の抑制をねらうもので，1993年にアメリカのクリントン大統領によって提案された。

(3)核不拡散への取り組み

・1963年：㊳＿＿＿＿条約（ＰＴＢＴ）調印（アメリカ・イギリス・ソ連）

・1968年：㊴＿＿＿＿条約（ＮＰＴ）調印
→①アメリカ・イギリス・ソ連・フランス・中国以外の核兵器の保有を禁止，②それ以外の国が原子力を平和利用する際には，㊵＿＿＿＿（ＩＡＥＡ）による査察の受け入れが必要
※インド・パキスタン・イスラエルは未締結，北朝鮮は脱退を表明

・1996年：㊶＿＿＿＿条約（ＣＴＢＴ）採択（未発効）→地下核実験を含むすべての核爆発実験の禁止
※インド・パキスタン・北朝鮮は未署名，アメリカ・中国・イスラエル・イランなどは未批准

・世界各地で㊷＿＿＿＿条約が締結　例）南極条約

(4)核不拡散から核廃絶へ

・2003年：拡散に対する㊸＿＿＿＿（ＰＳＩ）発足
→ミサイルや核関連物資の海外への輸送を阻止する措置について検討
※中国・インド・パキスタン・北朝鮮などは不参加

・2017年：㊹＿＿＿＿条約採択（2021年発効）
※核保有国のほか，アメリカの「核の傘」の下にある日本・ドイツ・韓国・オーストラリアなども未署名

・兵器用核物質の生産を禁止するためのカットオフ条約の締結も望まれる

(5)米ロの核軍縮の動向

・1970年代：㊺＿＿＿＿交渉（ＳＡＬＴⅠ・ＳＡＬＴⅡ）
→核弾頭の運搬手段を規制するもので，核兵器そのものについて規制するものではなかった

・1990年代：㊻＿＿＿＿条約（ＳＴＡＲＴⅠ・ＳＴＡＲＴⅡ）調印→配備済みの戦略核弾頭の削減に合意

・2009年：オバマ大統領による「核兵器のない世界」の構築宣言

・2010年：㊼＿＿＿＿調印（2021年に延長）
→ウクライナ侵攻を背景として2023年にロシアが履行停止

(6)今日の核をめぐる現状

・2018年：アメリカがイランとの核合意から離脱

・2019年：㊽＿＿＿＿（ＩＮＦ）全廃条約失効
→アメリカ・ロシア・中国のミサイル開発競争が加速するおそれ

・核兵器廃絶国際キャンペーン（ＩＣＡＮ）ら，ＮＧＯによる反核運動

(7)通常兵器に関する規制の動向

・1997年：㊾＿＿＿＿全面禁止条約（オタワ条約）採択

・2008年：クラスター爆弾禁止条約（オスロ条約）採択

・2013年：㊿＿＿＿＿条約採択
→通常兵器の不正な取り引きを防止

・人工知能を利用した(51)＿＿＿＿兵器や，宇宙・サイバー空間での軍事活動の拡大も懸念

1　次の記述を読み，正しければ〇を，誤っていれば×を記入せよ。

①冷戦終結以降，内戦は減少傾向にある。　　　　　　　　　　　　　　　　　　　　　　　　（　　）

②ユダヤ人によって結成されたパレスチナ解放機構（ＰＬＯ）がパレスチナを占領した結果，多くのアラブ人がパレスチナ難民として流出した。　　　　　　　　　　　　　　　　　　　　　　　　（　　）

③部族間対立が原因で内戦が起こったルワンダは，その後，民主化や部族間の融和が進められ，現在では比較的安定した統治がおこなわれている。　　　　　　　　　　　　　　　　　　　　　　（　　）

④難民条約では，迫害のおそれのある国に難民を追放・送還してはならないという第三国定住の原則が採用されている。　　　　　　　　　　　　　　　　　　　　　　　　　　　　　　　　　　　（　　）

⑤日本は，他の先進国と比べて難民の受け入れ数がきわめて少ない。　　　　　　　　　　　　（　　）

⑥核兵器拡散防止条約では，核兵器を新たに保有したい国に対して，国際原子力機関（ＩＡＥＡ）の査察を義務づけている。　　　　　　　　　　　　　　　　　　　　　　　　　　　　　　　　　（　　）

⑦ＳＴＡＲＴＩは，米ロ間で配備済みの戦略核弾頭の削減にはじめて合意した条約である。　（　　）

⑧包括的核実験禁止条約（ＣＴＢＴ）は，アメリカや中国などの核保有国が批准せず，未発効のままである。　　　　　　　　　　　　　　　　　　　　　　　　　　　　　　　　　　　　　　　（　　）

2　図は，冷戦後のおもな地域紛争について示したものである。Ａ〜Ｆに当てはまる語句を，下の語群から選んで答えよ。

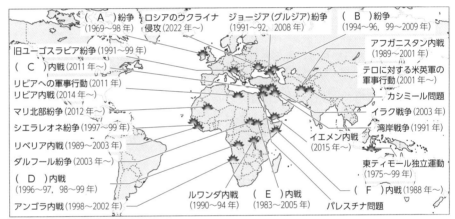

（　Ａ　）紛争（1969〜98年）　ロシアのウクライナ侵攻（2022年〜）　ジョージア（グルジア）紛争（1991〜92，2008年）　（　Ｂ　）紛争（1994〜96，99〜2009年）
旧ユーゴスラビア紛争（1991〜99年）
（　Ｃ　）内戦（2011年〜）
リビアへの軍事行動（2011年）
リビア内戦（2014年〜）
マリ北部紛争（2012年〜）
シエラレオネ紛争（1997〜99年）
リベリア内戦（1989〜2003年）
ダルフール紛争（2003年〜）
（　Ｄ　）内戦（1996〜97，98〜99年）
アンゴラ内戦（1998〜2002年）
ルワンダ内戦（1990〜94年）
（　Ｅ　）内戦（1983〜2005年）
パレスチナ問題
アフガニスタン内戦（1989〜2001年）
テロに対する米英軍の軍事行動（2001年〜）
カシミール問題
イラク戦争（2003年）
湾岸戦争（1991年）
イエメン内戦（2015年〜）
東ティモール独立運動（1975〜99年）
（　Ｆ　）内戦（1988年〜）

[語群]　コンゴ　　　スーダン　　　シリア　　　ソマリア　　　北アイルランド　　　チェチェン

Ａ（　　　　　　　　　　　　）　Ｂ（　　　　　　　　　　　　）
Ｃ（　　　　　　　　　　　　）　Ｄ（　　　　　　　　　　　　）
Ｅ（　　　　　　　　　　　　）　Ｆ（　　　　　　　　　　　　）

チャレンジ

1　核廃絶や軍縮に関する記述について誤っているものを，次の①〜④のうちから一つ選べ。

①部分的核実験禁止条約（ＰＴＢＴ）は，地下での核実験を禁止していない。

②核兵器拡散防止条約（ＮＰＴ）は，アメリカ，イギリス，ロシア，中国，インドの５か国以外は核兵器をもたないことを定めている。

③アメリカの「核の傘」の下にいる日本とドイツは，核兵器禁止条約に署名していない。

④ＳＴＡＲＴＩの後継条約である新ＳＴＡＲＴは，米ロそれぞれの戦略核弾頭の配備数を削減することを定めている。　　　　　　　　　　　　　　　　　　　　　　　　　　　　　　　　　　　　　（　　）

37 国際法の役割と課題

諸課題へのアプローチ

課題 国際社会において，どのような制度やしくみをつくっていくことが必要だろうか。

1 核問題をめぐる国際法の役割と課題

(1)なぜ，国際社会では国際法の強制力が弱く，十分に機能しないことがあるのだろうか。

(2)国際法が十分に機能していないことの具体例には，どのようなものがあるのだろうか。

(3)核兵器に関する次の記述を読み，正しければ○を，誤っていれば×を記入せよ。

①核拡散を規制する条約は，主権国家間での合意ができなかったため，これまで採択されたことがない。　　　　　　　　　　　　　　　　　　　　　　　　　　　　　　　　　（　　）

②1945年8月9日に長崎に投下された原子爆弾は大きな被害を出し，現在でも被ばくによる後遺症に苦しめられている人々がいる。　　　　　　　　　　　　　　　　　　　　　　　（　　）

③放射性廃棄物の危険性が広く認知されたことで，放射性廃棄物である劣化ウランを原料とした劣化ウラン弾などの兵器の規制が進んでいる。　　　　　　　　　　　　　　　　　　（　　）

④イラクやアフガニスタンでは，多くの住民が，アメリカ軍が使用した原子爆弾の影響とみられる健康被害を訴えている。　　　　　　　　　　　　　　　　　　　　　　　　　　　（　　）

2 戦争や紛争の新たな形態と国際法の課題

・現代の戦争や紛争において，従来の国際法では対応が難しいさまざまな問題について整理しよう。

民間軍事会社について	○民間軍事会社とはどのようなものだろうか。 ○従来の国際法で対応できないことには，どのようなものがあるのだろうか。
科学技術の進展について	○無人機やAI兵器にはどのようなメリットがあるのだろうか。 ○無人機やAI兵器にはどのようなデメリットがあるのだろうか。

3 国際法の観点から日本の外交と課題を考える

(1)第二次世界大戦後の日本の外交について示した下の表について，空欄に当てはまる語句を答えよ。

年	事　項
1945	第二次世界大戦終結
1951	❶_____平和条約調印……日本は主権国家として独立を回復
	❷_____条約調印……日本への米軍の駐留を定める
1954	第五福竜丸事件，❸_____発足
1956	日ソ共同宣言……ソ連との国交回復
	❹_____加盟
1957	❺_____三原則発表
1960	❷_____条約改定……米軍の日本防衛義務を明記。米軍の配備などに重要な変更がある場合，日米両政府間であらかじめ話しあいをおこなう事前協議制を導入
1965	❻_____条約調印……韓国との国交正常化
1971	沖縄返還協定調印，翌年返還
1972	❼_____声明
1978	❽_____条約調印
1991	湾岸戦争━→戦争終結後，ペルシャ湾に❹_____の掃海艇を派遣
2002	初の日朝首脳会談
2003	北朝鮮の核をめぐり，初の❾_____が開催
2006	北朝鮮が初の核実験を実施

(2)日本の外交に関する次の記述を読み，正しければ○を，誤っていれば×を記入せよ。

①日本は，自由主義国との協調，国連中心主義，アジアの一員としての立場の堅持からなる「外交三原則」に基づいて外交を展開してきた。　　　　　　　　　　　　　　　　（　　）

②小笠原諸島は，その返還にともなって米軍基地を元の土地に戻す作業に時間がかかったため，沖縄が返還された後に日本に返還された。　　　　　　　　　　　　　　　　　　　（　　）

③日本は，日中平和友好条約に調印することで中国と国交正常化を果たしたが，その一方で香港との外交関係を失った。　　　　　　　　　　　　　　　　　　　　　　　　　　　（　　）

④ＰＫＯ協力法が成立したことによって，はじめて自衛隊が海外に派遣された。　（　　）

⑤2002年の日朝首脳会談で北朝鮮は拉致を認め，拉致被害者の一部が日本に帰国した。（　　）

4 平和共存と国際協調のための取り組みとは？

・信頼醸成措置には，具体的にどのような取り組みがあるのだろうか。

　説明しよう

・核をめぐる問題や日本の外交問題などに対して，どのような制度やしくみをつくっていくことが必要だろうか。国際法の役割を踏まえた上で，自分の考えを説明してみよう。

38 日本の安全保障と国際貢献

1 平和主義と憲法解釈

(1)日本国憲法に規定される平和主義

・前文：恒久平和の念頭と平和を守る決意を述べ，平和のうちに生存する権利(❶＿＿＿＿＿＿＿＿＿＿)をうたう

・第9条1項：国権の発動たる戦争と，❷＿＿＿＿＿＿による威嚇または❷＿＿＿＿＿＿の行使を永久に放棄

・第9条2項：戦力の不保持，国の❸＿＿＿＿＿＿の否認

(2)憲法第9条の解釈……憲法改正をしないまま，解釈を変えることによって対応(❹＿＿＿＿＿＿)

・現在の解釈

①自衛のための必要最小限度の実力を保持することは憲法上問題ない

②自衛権行使の地理的範囲は必ずしも日本の領土・領海・領空に限られないが，海外派兵は自衛のための必要最小限度をこえる

(3)自衛権の行使

①❺＿＿＿＿＿＿権：自国に対する武力攻撃を阻止する権利

②❻＿＿＿＿＿＿権：同盟関係にある国への攻撃に対して，共同で防衛する権利

※2014年に「❼＿＿＿＿＿＿＿＿＿＿＿＿＿＿」を閣議決定

──→ ❺＿＿＿＿＿＿権だけでなく，❻＿＿＿＿＿＿権の限定的な行使も容認

2 日本の防衛政策と自衛隊の役割

(1)防衛政策の策定

・❽＿＿＿＿＿＿会議(日本版ＮＳＣ)……国防に関する重要事項を審議する機関

・❽＿＿＿＿＿＿戦略(2013年策定)に基づく国家防衛戦略により，防衛力の具体的な体制を規定

(2)自衛隊……陸上・海上・航空の三つの組織と統合幕僚監部などからなる

・定員，組織，予算などの重要事項：❾＿＿＿＿＿＿で議決

・防衛出動：事前に❾＿＿＿＿＿＿の承認が必要。特に緊急の必要がある場合でも，事後の承認が必要

・自衛隊の歴史

1950年：6月，朝鮮戦争勃発──→8月，❿＿＿＿＿＿＿隊を創設

1951年：日米安全保障条約に調印

1952年：❿＿＿＿＿＿隊を保安隊に改組

1954年：日米相互防衛援助(ＭＳＡ)協定に調印

自衛隊が発足。⓫＿＿＿＿＿＿(現在の防衛省)を設置

(3)日本の防衛政策のおもな原則

①⓬＿＿＿＿＿＿(シビリアン・コントロール)

・自衛隊の最高指揮権は，⓭＿＿＿＿＿＿である内閣総理大臣がもつ

・自衛隊の隊務を統括する防衛大臣も⑬＿＿＿＿

②⑭＿＿＿＿

・相手から武力攻撃を受けたときにはじめて防衛力を行使

・防衛力の行使および保持する防衛力は自衛のための必要最小限度

③⑮＿＿＿＿……核兵器を「**もたず，つくらず，もちこませず**」という原則

・1955年：⑯＿＿＿＿法制定……原子力の研究・開発・利用は平和目的に限る

・1976年：⑰＿＿＿＿条約(ＮＰＴ)批准……核兵器を製造しない，核兵器を取得しないなどの義務を負う

※2014年に⑱＿＿＿＿**三原則**を閣議決定⟶武器輸出三原則に代わる原則で，武器の輸出が原則容認された

3 日米安保条約と基地問題

(1)日米安全保障体制

・1951年：**日米安全保障条約**(旧安保条約)に調印……日本は駐留米軍に基地を提供。米軍の日本防衛義務は明記されず

・1960年：新安保条約に調印。1970年以降は自動延長……米軍の日本防衛義務を明記。米軍の行動に関して，日米両政府間の⑲＿＿＿＿**制**を導入

⟶⑳＿＿＿＿**協定**：在日米軍の日本での地位や基地の使用について規定

・「㉑＿＿＿＿**予算**」……1970年代以降，在日米軍の駐留経費の一部を日本が自主的に肩代わり⟶日本の負担は増大

・日米安全保障体制のメリット・デメリット

メリット：日本への攻撃に対する抑止力

デメリット：基地周辺での事故，犯罪，騒音被害など。在日米軍基地(専用施設)の総面積の約70％が㉒＿＿＿＿県に集中

(2)日米安全保障条約や自衛隊に関する裁判所の判断

①安保条約に関する事件

・㉓＿＿＿＿事件(最高裁判決1959年)……米軍基地の拡張に反対する学生が基地に侵入

②自衛隊に関する事件

・㉔＿＿＿＿事件(地裁判決1967年)……自衛隊の実弾演習により騒音の被害を受けた酪農家が演習場の通信線を切断

・長沼ナイキ基地訴訟(最高裁判決1982年)……基地の建設にともない保安林指定を解除

・㉕＿＿＿＿訴訟(最高裁判決1989年)……基地建設予定地の所有者と国が，基地反対派の住民と対立

※㉓＿＿＿＿事件の最高裁判決では，国会や内閣が高度な政治的判断に基づいておこなう行為は違憲審査の対象にならないという㉖＿＿＿＿論に基づいて，憲法判断が回避された

サポート
米軍の「核もちこみ」については，日米両政府間で⑲の対象外にするという密約があったことが2010年に判明した。

サポート
⑲制とは，在日米軍の配置や装備などに重要な変更がある場合，日米両政府間であらかじめ話しあいをおこなう制度のこと。

サポート
㉓事件の地裁判決や長沼ナイキ基地訴訟の地裁判決では，日米安保条約や自衛隊を違憲として判断した。

日米安全保障協力の拡大

1978年：「㉗ _____のための指針」（ガイドライン）に
合意……日本が有事の際の共同作戦に関する基本ルールを規定。数
度の改定を経て，現在は地球規模での協力を定める

2003年：㉘ _____法制定……日本が武力攻撃
を受けた際の対応について規定

2004年：㉙ _____法制定……有事の際の国民の安全を確保する
ための措置について規定

2015年：新しい㉚ _____法制定……自衛隊の海外派遣
や米軍などへの後方支援に対する制約を緩和

※㉛ _____（MD）に関する日米協力も進展

サポート
㉚法について，㉘法や重
要影響事態法など既存の
法律の一括改正がおこな
われたほか，新たに国際
平和支援法が制定された。

5 **国際貢献と自衛隊／人類の平和に対する日本の役割**

(1)自衛隊の国際貢献の歩み

1991年：㉜ _____戦争……イラクのクウェート侵攻に対してアメリカを
中心とした多国籍軍が武力制裁。日本は多国籍軍に不参加

─→日本では，国連㉝ _____活動（ＰＫＯ）への自衛隊
の参加をめぐる議論が過熱

1992年：㉞ _____法（国際平和協力法）制定

・ＰＫＯ参加5原則に基づき，自衛隊がＰＫＯに参加

①紛争当事者間の停戦合意　②紛争当事者が受け入れを合意

③中立的立場の厳守

④上記①〜③のいずれかを満たさない場合は撤収可能

⑤武器使用は隊員の防護に限定

※現在は，他国のＰＫＯ要員や民間人の防護のための武器使用

（㉟ _____）警護も可能

2001年：㊱ _____（ＰＫＦ）への参加が可能に

2009年：㊲ _____法制定─→ソマリア近海を通過する船舶を海
賊の被害から守るために自衛隊を派遣

2015年：㊳ _____法制定……諸外国の軍隊に対する後
方支援を随時可能とする「恒久法」

(2)自衛隊の活動範囲

2001年：㊴ _____事件─→アメリカ
のアフガニスタン攻撃に際して，インド洋での米軍に対する給油活
動を実施

2003年：イラク戦争─→自衛隊をイラクに派遣し，復興支援活動を実施

・海外派遣以外にも，人道的な国際救援活動，人道復興支援活動，災害地域
に対する国際緊急援助活動など活動範囲を拡大

(3)日本の役割

・㊵ _____（ＯＤＡ）を通じた支援

・「㊶ _____の安全保障」の考え方に基づいた支援

└1994年に㊷ _____（ＵＮＤＰ）が『人間開発報告書』
の中で提唱

サポート
㉜戦争において，日本は
多額の資金を拠出したが，
多国籍軍には参加しな
かったため，国際的には
ほとんど評価されなかっ
た。

考察
伝統的な安全保障と「人
間の安全保障」とを比較
し，どのような違いがあ
るのか，考えてみよう。

1　次の記述を読み，正しければ○を，誤っていれば×を記入せよ。

①1950年の朝鮮戦争勃発直後，国内の治安維持を目的として保安隊が創設された。　　　（　　）

②憲法第９条に基づき，日本では個別的自衛権の行使も集団的自衛権の行使も禁じられている。

（　　）

③自衛隊の最高指揮権は，防衛大臣が有している。　　　　　　　　　　　　　　　　　（　　）

④安全保障に関する重要事項を審議する機関として，国家安全保障会議が内閣に設置されている。

（　　）

⑤武器輸出三原則に代わって閣議決定された防衛装備移転三原則によれば，武器の輸出は全面的に禁

止されている。　　　　　　　　　　　　　　　　　　　　　　　　　　　　　　　　（　　）

⑥日米安全保障条約の合憲性をめぐって争われた事件として，砂川事件がある。　　　　（　　）

⑦1960年に調印された新安保条約には，米軍の日本防衛義務が明記された。　　　　　　（　　）

⑧自衛隊は，ＰＫＯに際して，他国のＰＫＯ要員や民間人の防護のために武器を使用する「駆けつけ

警護」を認められていない。　　　　　　　　　　　　　　　　　　　　　　　　　　（　　）

⑨自衛隊をモザンビークでのＰＫＯに派遣するために国際平和支援法が制定された。　　（　　）

2　図は，日本の防衛関係費について示したものである。日本の防衛関係費に関する記述として正しいものを，次の①〜④のうちから一つ選べ。

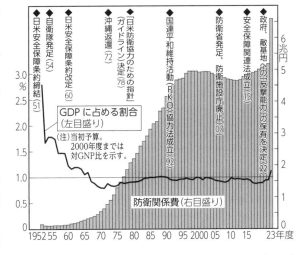

①日本の防衛関係費は，1952年から現在まで増加し続けている。

②冷戦終結後，日本の防衛関係費の対ＧＤＰ比は低下し続けている。

③日本では，防衛関係費の拡大を抑止するために，防衛関係費の対ＧＤＰ比を１％以内とすることが定められている。

④日米地位協定によると，原則として，在日米軍の駐留経費はアメリカが負担することとなっている。

（　　）

1　日本の防衛政策に関する記述として誤っているものを，次の①〜④のうちから一つ選べ。

①軍部が政治の実権を握って戦争を引き起こすことがないように，文民である内閣総理大臣が自衛隊の最高指揮権をもつ。

②専守防衛の立場をとり，防衛力の行使については，自衛のための必要最小限度にとどめるとしている。

③非核三原則に加えて，核兵器以外の武器の輸出についても禁止している。

④「武力行使の新三要件」が閣議決定されたことで，現在では，個別的自衛権に加えて集団的自衛権の限定的な行使も容認されている。

（　　）

39 諸課題へのアプローチ
日本の国際貢献のあり方

課題　防災や人道支援に対して，日本はどのような役割を果たすことができるのだろうか。

1　課題が山積する国際社会

・国際社会の諸課題について，具体的にどのような事例があるか，下の表に整理しよう。

国際社会の諸課題	具体的な事例
地球環境問題	
核問題	
民族紛争，地域紛争	
貧困，格差	
感染症	
災害	

2　防災にみる日本の国際協力

・災害に対する国際協力について，発生前の防災・減災の取り組み，発生直後の応急対応，その後の復旧・復興に対する支援は，具体的にどのようなものが考えられるのだろうか。

状況	具体的な内容
[災害発生前] 　防災・減災の取り 　組み，事前準備	
[災害発生直後] 　応急対応	
[その後] 　復旧・復興	

③ 国際貢献に資するＰＫＯへの参加のあり方

(1)図は，日本のＰＫＯへの参加実績の
一部を示したものである。Ａ～Ｅに
当てはまる国名・地域名を，下の語
群から選んで記入せよ。

[語群] 南スーダン
ゴラン高原　東ティモール
カンボジア　ハイチ

A (　　　　　　　　　　)　　　B (　　　　　　　　　　　　　)
C (　　　　　　　　　　)　　　D (　　　　　　　　　　　　　)
E (　　　　　　　　　　)

(2)自衛隊をＰＫＯに派遣するにあたって，どのようなことが懸念されるのだろうか。また，どのような
ことに留意する必要があるのだろうか。

④ 国際社会において日本が果たすべき役割とは？

(1)人間の安全保障とは，どのようなことを意味しているのだろうか。

(2)人間の安全保障基金を通じた支援には，具体的にどのようなものがあるのだろうか。

(3)教科書 p.199⑥「日本の果たすべき役割に関する世論調査」であげられたもの以外に，日本が果たすべ
き役割にはどのようなものがあるのだろうか。

＞説明しよう

・国際社会において日本がこれから果たすべき役割とは何だろうか，国際社会のあるべき姿とはどのよ
うなものだろうか，自分の考えを説明してみよう。

117

問1　平和維持のためのさまざまな構想・政策の説明として最も適当なものを，次の①～④のうちから一つ選べ。 知・技

①ソ連のゴルバチョフ書記長は，ペレストロイカやグラスノスチにより，情報通信技術の発展を推し進めた。

②アメリカのウィルソン大統領は，自国の国際連盟への加盟によって国際秩序の維持に関与した。

③オランダのグロティウスは，自然法の立場から，国家間の関係を律する国際法の発展の基礎を築いた。

④フランスのボーダンは，人間が自然状態から脱し平和をつくり出すために，契約によって国際機関をつくるべきであると主張した。　　　　　　　　　　　　　　　　　　　　　（　　　）

問2　国際司法裁判所の説明として最も適当なものを，次の①～④のうちから一つ選べ。 知・技

①国際司法裁判所は，国連安全保障理事会の下に設置され，国連の主要機関を構成している。

②国際司法裁判所の裁判官は，国連総会と安全保障理事会それぞれによる選挙を通して選ばれる。

③国際司法裁判所は，常設仲裁裁判所を直接の前身とする。

④国際司法裁判所は，すべての国に対して強制的管轄権を有する。　　　　　　　（　　　）

問3　国際平和を維持するしくみについて，次のA，Bのような考え方がある。それぞれの考え方の具体例として最も適当なものを，下の①～④のうちから一つ選べ。 思・判・表

A　国家間の力関係を均衡させることで，武力攻撃を相互に抑制する。

B　武力の不行使を多数国間で約束し，これに違反した国に対しては，その他のすべての国が共同で制裁を加える。

①第一次世界大戦前のヨーロッパでは，Aの考え方に基づいて，多くの国が加わる同盟が複数形成された。

②核兵器拡散防止条約では，Aの考え方に基づいて，締約国が保有できる核戦力の上限を設定した。

③国際連合憲章ではBの考え方に基づいて，加盟国が憲章に違反して武力を行使すれば，いかなる場合にも国連は制裁措置を発動する。

④日本の領域に対する武力攻撃が発生した場合，日米安全保障条約に従い，日本とアメリカはBの考え方に基づく制裁措置を共同で発動する。　　　　　　　　　　　　　　　　（　　　）

問4　国際法の基本原則に，主権平等の原則がある。この原則の具体例として最も適当なものを，次の①～④のうちから一つ選べ。 思・判・表

①国連の通常予算を，各加盟国がそれぞれの経済規模に応じて負担する。

②国連総会の決定を，各加盟国が一票をもつ表決によって採択する。

③国連事務総長の任命について，安全保障理事会が勧告をおこなう。

④国連加盟国が実施する軍事的措置について，安全保障理事会が決定する。　　　（　　　）

問5　右図は，世界で起きた紛争や内戦の場所を示したもので
ある。図中の場所Ａ〜Ｃと説明ア〜ウとの組みあわせとして
正しいものを，下の①〜⑥のうちから一つ選べ。　知・技
ア　領土の帰属を争う隣国どうしが核開発競争をおこない，
　　武力衝突も引き起こされた。
イ　連邦国家内で，独立を求める共和国に対して連邦政府が
　　軍を投入した。
ウ　ベルギーからの独立後，多数派と少数派の間で内戦が起こり，大規模な虐殺がおこなわれ，多く
　　の難民が発生した。
　①Ａ―ア　Ｂ―イ　Ｃ―ウ　　②Ａ―ア　Ｂ―ウ　Ｃ―イ　　③Ａ―イ　Ｂ―ア　Ｃ―ウ
　④Ａ―イ　Ｂ―ウ　Ｃ―ア　　⑤Ａ―ウ　Ｂ―ア　Ｃ―イ　　⑥Ａ―ウ　Ｂ―イ　Ｃ―ア　（　　　）

問6　国際社会における核軍縮に関する記述として誤っているものを，次の①〜④のうちから一つ選べ。
　①包括的核実験禁止条約（ＣＴＢＴ）が国連で採択されたが，未発効である。　知・技
　②アメリカとロシアの間で戦略兵器削減条約が1991年に調印され，戦略核弾頭の削減をおこなうこと
　　に合意した。
　③アメリカとロシアの間で新ＳＴＡＲＴが2010年に調印され，戦略核弾頭のさらなる削減をおこなう
　　ことに合意した。
　④核兵器禁止条約が国連で採択され，日本もこの条約を批准している。　　　　　　　　　（　　　）

問7　自国の安全保障のために定められた法制度の例である次のＡ〜Ｃと，それらの内容についての記
　　述ア〜ウとの組みあわせとして正しいものを，下の①〜⑥のうちから一つ選べ。　知・技
　Ａ　新日米安全保障条約（日本国とアメリカ合衆国との間の相互協力及び安全保障条約）（1960年）
　Ｂ　ガイドライン（日米防衛協力のための指針）（2015年改定）
　Ｃ　有事関連7法（2004年）
　ア　日本への武力攻撃時における，国民の保護や米軍の行動の円滑化などについて定めた。
　イ　日本の施政下にある領域における，日米どちらかへの武力攻撃に対して，日米が共同で防衛する
　　　ことを定めた。
　ウ　地理的制限を設けず，日本と日本以外の国に対する武力攻撃への対処行動について，日米間の協
　　　力推進を定めた。
　①Ａ―ア　Ｂ―イ　Ｃ―ウ　　②Ａ―ア　Ｂ―ウ　Ｃ―イ　　③Ａ―イ　Ｂ―ア　Ｃ―ウ
　④Ａ―イ　Ｂ―ウ　Ｃ―ア　　⑤Ａ―ウ　Ｂ―ア　Ｃ―イ　　⑥Ａ―ウ　Ｂ―イ　Ｃ―ア　（　　　）

問8　人間の安全保障の実践例として適当なものを，次の①〜⑤のうちからすべて選べ。　思・判・表
　①人々を感染症から守るため，政府が他国にワクチンを提供したり，医師を派遣したりする。
　②他国による侵略を防ぐため，同盟を結んだ複数の国が共同で軍事演習をおこなう。
　③森林を守るために，ＮＧＯが気候や土壌に適した植林活動や環境教育をおこなう。
　④民族紛争における人権侵害を防ぐため，国連が紛争当事者の行為を監視し，実際に人権が擁護され
　　るための活動をおこなう。
　⑤対立する国も含めて条約を結んで，加盟国が相互に不可侵を約束し，違反する場合には経済的な制
　　裁を発動する。　　　　　　　　　　　　　　　　　　　　　　　　　　　　　　　　（　　　）

貿易の現状と意義 / 国民経済と国際収支

1　貿易のしくみと国際分業

(1)❶＿＿＿＿＿＿＿＿＿＿＿説

・イギリスの経済学者❷＿＿＿＿＿＿＿＿＿＿が提唱
  └主著：『❸＿＿＿＿＿＿＿＿＿＿＿＿の原理』

・各国は，自国にとって有利な生産条件の商品（＝比較優位にある商品）に❹
  ＿＿＿＿＿＿して生産する（国際分業）

・各国が自国で生産した商品を輸出し，他国で生産された商品を輸入する
  ──→国際貿易が成立

特化前	ぶどう酒1単位の生産に要する労働量	毛織物1単位の生産に要する労働量
ポルトガル	80人	90人
イギリス	120人	100人

↓

特化後	ぶどう酒の生産量	毛織物の生産量
ポルトガル	❺＿＿＿＿＿人の労働者で ❻＿＿＿＿＿単位	―
イギリス	―	❼＿＿＿＿＿人の労働者で ❽＿＿＿＿＿単位

(2)国際分業

①❾＿＿＿＿＿＿＿分業……原材料や部品の生産国と，工業製品を組み立てる国との貿易。おもに発展途上国と先進国の間でおこなわれる

②❿＿＿＿＿＿＿分業……各国が異なる工業製品を生産し，貿易する。おもに先進国間でおこなわれる

2　自由貿易と保護貿易 / 今日の貿易の現状と動向

(1)⓫＿＿＿＿＿＿＿論

・❶＿＿＿＿＿＿＿説による国際分業の利益：世界における資源の利用を効率化することで，各国の国民生活の向上に寄与

・短所：各国の経済には経済発展の段階に差があるため，国際分業によって各国がつねに利益を得るとは限らない（国際競争力の弱い自国産業が打撃を受ける）

(2)⓬＿＿＿＿＿＿＿政策

・ドイツの経済学者⓭＿＿＿＿＿＿＿が主張
  └主著：『政治経済学の国民的体系』

・例)国内産業の保護・育成のため，輸入品に対して⓮＿＿＿＿＿を高くすることや，⓯＿＿＿＿＿＿＿による輸入量規制
  └WTOが認める緊急輸入制限措置

・短所：国際分業の利益を損ない，国際経済の発展を阻害するおそれ

(3)貿易の現状

- ❶❻ _____ 分業……製品や部品の生産工程を各国間で分担すること

  ⟶ グローバル化や情報通信技術(❶❼ _____)の発展により，グローバル・❶❽ _____ が構築され，生産工程ごとの効率的な生産が可能に

- ❶❶ _____ が進展する一方で，それに反発して保護主義を主張する声も高まる

③ 国際収支統計の構成 / 国際収支の動向

(1)国際収支……国際間の経済取引の受け取りと支払いの勘定を，ある一定期間(普通は1年間)にわたって総合的に記録したもの

①❶❾ _____ 収支

  ┌ ❷⓪ _____ 収支：財の取り引きによる収支
  ├ サービス収支：サービスの取り引きによる収支
  ├ ❷❶ _____ 収支：雇用者報酬や❷❷ _____ 収益の収支
  └ ❷❸ _____ 収支：海外への物資の無償援助や国際機関への拠出金など，対価をともなわない収支

②資本移転等収支……発展途上国への社会資本のための無償資金協力などに関する収支

③❷❹ _____ 収支……❷❺ _____ 投資，❷❻ _____ 投資，❷❼ _____ 商品，その他投資，外貨準備に分類

(2)経常収支と金融収支の関係

- ❶❾ _____ 収支……一国の対外的な収入と支出の差額

- ❷❹ _____ 収支……対外資産の増減に着目 ⟶ 日本企業が海外に工場を設立するとプラス，外国企業が日本に工場を設立するとマイナス

- ※❶❾ _____ 収支が黒字(プラス)になると，その黒字分を運用するために対外純資産が増加し，❷❹ _____ 収支も黒字となる

(3)国際収支の動向

[日本]

- 2000年代前半頃まで：❷⓪ _____ 収支が経常収支の黒字の大半を占める。円高を背景に日本企業が海外進出 ⟶ 対外資産が蓄積され，第一次所得収支の黒字が増大

- 2011年：東日本大震災の影響で輸出が減少し，貿易収支が一時的に赤字に

- 2022年：原油価格の高騰や円安による輸入価格の上昇
  ⟶ 貿易収支が大幅な赤字に

[アメリカ]

- ❷❽ _____ ……財政収支の赤字と経常収支の赤字の両方をかかえている状態

④ 国際経済の不均衡と経済摩擦

(1)世界的な経常収支の不均衡(グローバル・❷❾ _____)

- アメリカ：経常収支の大幅な赤字

- 中国：経常収支の大幅な黒字……通貨である❸⓪ _____ の為替相場が通貨当局によって管理され，他の通貨に対して割安であることが一因

考察
自由貿易には大きな利点があるにもかかわらず，保護貿易が主張されることがあるのは，なぜなのだろうか。

サポート
❷❷収益とは，❷❺投資や❷❻投資などの対外金融資産から得られる利子・配当のこと。

よみとき
経常収支と国内経済は，どのように関連しているのだろうか，教科書p.205資料③をもとに考えてみよう。

(2)**㉛**_____問題……新興国などにおいて，債務残高が累積し，対外債務の返済が困難になるという問題

- 返済繰り延べ(**㉜**_____)や，債務不履行(**㉝**_____)を引き起こす場合も
- 1980年代以降，メキシコ・ブラジル・アルゼンチン・ロシアで発生
- 重債務国……過大な対外純負債の返済が困難になっている国
- **㉞**_____(ＨＩＰＣ)……累積債務が深刻化している発展途上国。アフリカに多い

5 **国際資本移動**

(1)**国際資本移動**……国際間での資本取引にともなう資本の移動

- **㉕**_____投資……相手国での企業経営，工場建設のための投資
- **㉖**_____投資……値上がり益や利子・配当を得るための投資
- ※**㉖**_____投資は**㉕**_____投資に比べて投資しやすいが，資本の回収も容易──→投機家によって世界経済が混乱する場合も

(2)活発な国際金融取引による世界経済の混乱

- 1997年：タイを中心に**㉟**_____が発生
  ……**㊱**_____が，莫大な投機的資金を世界的に移動させたことで発生。タイのほかインドネシア，韓国などでも通貨が暴落
  ──→ＩＭＦ，世界銀行，日本などが金融支援
- 2008年：アメリカで「リーマン・ショック」が発生
  ……住宅バブルの崩壊にともなう**㊲**_____・ローン問題が原因
  ──→世界金融危機に発展。日本や新興国などにも波及し世界同時不況に

6 **企業のグローバル化と多国籍企業**

(1)**㊳**_____……安価な原材料や低賃金の労働者，大きな市場などを求めて，複数の国で事業を展開している企業

- **㊴**_____……工場などの生産拠点を海外に移転することで，自国産業が衰退する現象。雇用の減少などによって国内経済が停滞する一因となる
- 投資に関する多国間の包括的なルールは存在せず，二国間で**㊵**_____を締結
  ──→投資家を保護するために，世界共通のルールや基準(グローバル・**㊶**_____)の策定が必要

(2)**㊷**_____……デジタルデータの国境をこえた移動をともなう貿易。ＩＣＴを活用した企業の経済活動の拡大により盛んに

- 税率の低い国に利益を移して，納税額を減らしている企業もある
  ──→2021年，国際課税の新ルールにおいて**㊸**_____の導入に合意

サポート
国際資本移動は，満期が1年以内の短期資本移動と，満期が1年超または期限の定めのない長期資本移動に分けられる。

サポート
㊱とは，特定の少数の投資家から大口の資金を集めて金融市場で運用し，高い収益を追求する企業集団のこと。

サポート
㊲・ローンの証券化商品は，当初，格付け機関に高く評価されており，ヨーロッパなどの金融機関も購入していた。世界金融危機は，Ｍ＆Ａのための資金調達などをおこなう**投資銀行**が，証券化商品を利用して国際的な金融仲介業務を活発におこなっていたことが要因。

考察
企業の多国籍化は，国内経済と進出先の国の経済にどのような影響を及ぼすのだろうか。

1　次の記述を読み，正しければ〇を，誤っていれば×を記入せよ。

①リカードは比較生産費説を唱えて，国際分業に基づく自由貿易が双方の国に利益をもたらすと主張した。　（　　）

②各国が異なる工業製品を生産し，貿易する水平的分業は，おもに先進国と発展途上国の間でおこなわれる。　（　　）

③日本はこれまで，緊急輸入制限措置であるセーフガードを発動したことがない。　（　　）

④国際収支において，経常収支から金融収支を引くと必ず「0」になる。　（　　）

⑤観光で日本を訪れる外国人が増えると，日本のサービス収支は黒字に傾く。　（　　）

⑥日本は発展途上国への無償資金協力をしているため，第一次所得収支は黒字傾向にある。　（　　）

2　図は，日本の経常収支の推移について示したものである。1996年以降の日本の経常収支の変遷について正しいものを，次の①〜④のうちからすべて選べ。

①経常収支は一貫して黒字である。

②2000年代後半以降は，貿易収支の黒字も第一次所得収支の黒字も増加傾向にある。

③常に，輸出額が輸入額を上回っている。

④2010年代以降，外国人観光客の増加などにより，サービス収支の赤字が減少した年がある。

（　　　　）

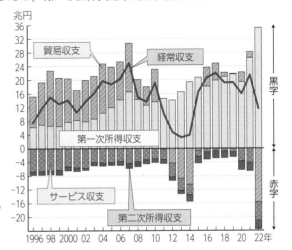

チャレンジ

1　表は，a国とb国における，α財とβ財についての労働生産性（一定の時間における労働者一人当たりの財の生産量）を示したものである。各国の総労働者数は，a国が200人，b国が180人であり，各財への特化前は，両国ともにα財とβ財の生産にそれぞれ半数ずつが雇用されているとし，各財への特化後も，両国ともにすべての労働者が雇用されるとする。また，両財は労働力のみを用いて生産され，両国間での労働者の移動はないこととする。この表から読みとれる内容として正しいものを，下の①〜④のうちから一つ選べ。

	α財	β財
a国の労働生産性	1単位	3単位
b国の労働生産性	6単位	3単位

①a国がα財の生産に特化し，b国がβ財の生産に特化すれば，特化しない場合に比べ，両国全体でα財の生産量は640単位増加し，β財の生産量は570単位増加する。

②a国がβ財の生産に特化し，b国がα財の生産に特化すれば，特化しない場合に比べ，両国全体でα財の生産量は640単位増加し，β財の生産量は570単位増加する。

③a国がα財の生産に特化し，b国がβ財の生産に特化すれば，特化しない場合に比べ，両国全体でα財の生産量は440単位増加し，β財の生産量は30単位増加する。

④a国がβ財の生産に特化し，b国がα財の生産に特化すれば，特化しない場合に比べ，両国全体でα財の生産量は440単位増加し，β財の生産量は30単位増加する。

（　　）

42 為替相場の変動

サポート
❽相場制を採用している国において，為替相場が自国通貨安に傾いている場合は，通貨当局が外国通貨を売って自国通貨を買い支える。❹相場制を採用している国でも，急激な為替相場の変動に対しては，❼をおこなう場合がある。

考察
固定相場制と変動相場制を比較して，それぞれの長所や短所はどのようなことだろうか，考えてみよう。

よみとき
為替相場の動向は，海外投資にどのようなリスクとなっているのだろうか，教科書 p.210資料**5**から考えてみよう。

1　為替相場のしくみ / 為替相場の決定要因

(1)❶‥‥‥‥‥‥‥‥‥‥‥……自国通貨と外国通貨を交換する取引

・財・サービスの❷‥‥‥‥‥や外国からの借り入れ──→外国通貨を自国通貨に交換

・財・サービスの❸‥‥‥‥‥や外国への貸し出し──→自国通貨を外国通貨に交換

・為替相場（為替レート）‥‥‥❶‥‥‥‥‥‥‥‥‥における自国通貨と外国通貨との交換比率。❹‥‥‥‥‥相場制の下では，市場における自国通貨と外国通貨の需要と供給の関係によって為替相場が変動

①❺‥‥‥‥‥……外国通貨に対して円の価値が高くなること

　例：1ドル＝100円から1ドル＝90円になった場合：1ドルの価値は10円分安くなった──→ドル安（❺‥‥‥‥‥）

②❻‥‥‥‥‥……外国通貨に対して円の価値が低くなること

　例：1ドル＝100円から1ドル＝110円になった場合：1ドルの価値は10円分高くなった──→ドル高（❻‥‥‥‥‥）

(2)❼‥‥‥‥‥‥‥‥（外国為替平衡操作）……❽‥‥‥‥‥相場制や管理フロート制を採用する発展途上国などにおいて，通貨当局が外国為替市場で通貨を売買して為替相場を維持すること

(3)為替相場の決定要因……各国の物価水準や金利水準，国際収支の動向などの❾‥‥‥‥‥‥‥‥‥‥‥‥‥‥（経済の基礎的条件）

・円高ドル安の要因：①日本の❿‥‥‥‥が下落，②❷‥‥‥‥‥が増加し❸‥‥‥‥が減少，③日本の⓫‥‥‥‥が上昇，④対外投資が減少

・⓬‥‥‥‥‥‥‥説……物価水準の国際的な格差である⓭‥‥‥‥‥‥‥が，貿易を通じて為替相場を決定するという考え方

・⓮‥‥‥‥‥‥‥説……自国通貨建ての金利と外国通貨建ての金利との関係や，将来の為替相場の予想が，国際金融取引を通じて為替相場を決定するという考え方

2　為替相場の変動の影響 / 国際資本移動と為替相場の安定

(1)円高がもたらす影響

・❷‥‥‥‥‥品の外国での価格を引き上げるため，❷‥‥‥‥‥が減少──→景気を後退させる

・❸‥‥‥‥‥品の自国での価格を引き下げるため，❸‥‥‥‥‥を促進──→国内市場での❿‥‥‥‥‥を抑制する効果をもたらす

・❸‥‥‥‥‥原材料の価格を低下させることで，国内製品の生産費が下がる──→国内の景気によい影響をもたらす

・外国通貨に対する円の購買力を高めるため，海外投資をおこないやすくする一方で，為替変動リスクは海外投資の阻害要因に

──→⓯‥‥‥‥‥‥‥‥‥‥（金融派生商品）が発達。投機目的での外国為替取引が拡大

(2)日本の為替相場の変遷

　・1973年：❹ _____ 相場制へ移行……おおむね円高で推移

　・1985年：⓰ _____ 合意以降……急速な円高・ドル安──→海外現地
　　生産の拡大──→国内の⓱ _____ が進む

(3)為替相場の安定のために

　・不安定な国際資本移動を抑制するために，新興国では資本移動に対する規
　　制を課すこともある

ステップアップ

1　次の記述を読み，正しければ〇を，誤っていれば×を記入せよ。

　①国内がインフレーションの傾向にある場合は，円安になりやすい。　　　　（　　）

　②自国通貨の為替レートの下落は輸出抑制と輸入拡大をうながし，自国通貨の為替レートの上昇は輸
　　入抑制と輸出拡大をうながす。　　　　　　　　　　　　　　　　　　　　（　　）

　③自国通貨の金利を引き下げて内外金利差を拡大させることは，国外への資本流出と自国通貨の為替
　　レートの下落の要因となる。　　　　　　　　　　　　　　　　　　　　　（　　）

　④円安・ドル高を是正するために，通貨当局によって外国為替市場で円売り・ドル買いの為替介入が
　　おこなわれる場合がある。　　　　　　　　　　　　　　　　　　　　　　（　　）

　⑤円高が進むと，日本企業の海外進出が活発になる。　　　　　　　　　　　（　　）

2　図は，円相場の推移について示したものである。
　1971年以降の日本の円相場の変遷について，正
　しいものを次の①～④のうちからすべて選べ。

　①アジア通貨危機により，日本でも円安が進んだ。

　②リーマン・ショックを機に，円高が進んだ。

　③プラザ合意によりドル高の是正をめざしたこ
　　とで，日本の輸出は増加した。

　④東日本大震災が起きた頃は円安傾向であった。

　　　　　　　　　　　（　　　　　　　）

東京外国為替市場
1ドル当たり円

チャレンジ

1　為替レートの変化が企業の売り上げに与える影響について考える。1ドル＝105円であるとき，日
本の工場で自動車を生産する企業が自社の自動車をアメリカに輸出して販売した結果，4億ドルの売
り上げがあった。その後，為替レートが1ドル＝115円になったとき，同じく4億ドルの売り上げが
あった。この場合，円に換算した売り上げはどのくらい増加または減少するか。正しいものを，次の
①～④のうちから一つ選べ。

　①20億円増加する　　②40億円増加する　　③20億円減少する　　④40億円減少する　　（　　）

43 国際協調と国際経済機関の役割

サポート
グローバル・❶とは，世界的な生産ネットワークのこと。

サポート
第一次石油危機後の世界経済を立て直すために，1975年に第1回先進国首脳会議が開催された。1997年にロシアが正式メンバーに加わり（G8），主要国首脳会議へと名称変更された。

サポート
❸とは，所得や資産に対して，無税または低い税率しか課さない国や地域のこと。

サポート
❺とは，国際金融や外国為替取引で主要な役割を果たす通貨。第二次世界大戦前はイギリスのポンドであったが，戦後はドルとなった。

考察
IMFやIBRDの融資の具体的な事例を調べて，その成果と課題について考えてみよう。

1　国際経済における国際協調の必要性

(1)経済のグローバル化──→グローバル・❶＿＿＿＿の構築により，経済の相互関係はいっそう緊密化

(2)国際協調の場
- G7（アメリカ・イギリス・日本・ドイツ・フランス・イタリア・カナダ）による主要国首脳会議（❷＿＿＿＿＿）
  ※2014年以降，クリミア半島併合により，ロシアは参加停止中
- G20による首脳会議
──→国際経済の諸問題や，❸＿＿＿＿（租税回避地）に対する国際的な取り組みなどについて議論

2　国際通貨制度の変容

- ❹＿＿＿＿体制（IMF・GATT体制）：金との交換を各国政府に保証したドルを❺＿＿＿＿（キー・カレンシー）とする❻＿＿＿相場制（金1オンス＝❼＿＿ドル，1ドル＝❽＿＿円）
  ○アメリカは1960年代，財政支出の拡大と貿易黒字の縮小によって金保有高が減少し，❾＿＿＿が深刻化
  ○金とドルとの交換に応じられなくなり，1971年に❿＿＿＿大統領が金とドルとの交換停止を宣言（❿＿＿＿・ショック）
  ↓
- ⓫＿＿＿合意(1971年)：先進国によるドルの切り下げの合意（金1オンス＝⓬＿＿ドル，1ドル＝⓭＿＿円に変更）
  ↓ドル不安が続く
- 先進国は⓮＿＿相場制に移行(1973年)
- ⓯＿＿＿合意(1976年)：金とドルとの交換の廃止および⓮＿＿相場制を正式に承認

3　国際経済機関の役割と課題

(1)⓰＿＿＿（IMF）
①目的：為替相場の安定のために，加盟国に為替制限の撤廃を促す
　　経常収支の短期的な赤字に直面した加盟国に資金を融資
②融資対象国には，緊縮財政や金利引き上げ，国内の構造改革などの条件（⓱＿＿＿）が課せられる
③特別引出権（⓲＿＿＿）制度：目的は，加盟国の外貨準備高を補完すること。外貨不足に陥った国は，⓲＿＿＿を対価として他国から外貨を得ることができる。IMFへの出資額に応じて加盟国に配分
(2)⓳＿＿＿（IBRD・世界銀行）
- 目的：当初は，戦災国の復興と加盟国の経済開発──→現在は，発展途上国の経済的・社会的開発を支援するために，長期間の融資をおこなう

(3)⑳＿＿＿＿＿＿＿＿＿＿＿（WTO）

①設立背景：関税および貿易に関する一般協定（㉑＿＿＿＿＿＿＿＿＿）の㉒＿

＿＿＿＿＿・ラウンドにおける合意に基づく

②原則：㉑＿＿＿＿＿＿から引き継ぐ

・㉓＿＿＿＿＿＿……輸入制限をなくし，自由貿易を推進

・㉔＿＿＿＿＿＿……貿易相手国への差別的待遇をなくす

・㉕＿＿＿＿＿＿……多国間で交渉をおこなう

③紛争解決手続き：違反国に対する措置の決定について，全加盟国が反対し

ない限り了承したものとみなす㉖＿＿＿＿＿＿＿＿＿

＿＿＿＿＿方式を採用

④㉗＿＿＿＿＿・ラウンド（2001年～）

・貿易の円滑化，知的財産権の保護，㉘＿＿＿＿＿＿＿（不当廉売）

の防止，発展途上国の開発，環境などについて交渉

・加盟国の増加：2001年に㉙＿＿＿＿＿，2012年にロシアが加盟

※さまざまな対立により，多国間交渉での合意形成が困難に

──→二国間や地域での自由貿易協定が活発化

(4)㉚＿＿＿＿＿＿＿＿＿＿＿（OECD）

・目的：①経済成長，②貿易自由化，③発展途上国への支援に貢献すること

・開発援助委員会（㉛＿＿＿＿＿＿＿）……発展途上国への援助拡大を図る

④ 地域的経済統合の役割

(1)ヨーロッパ：欧州連合（EU）

・1992年：㉜＿＿＿＿＿＿＿＿＿条約（欧州連合条約）

──→1993年に発足。**単一市場が実現**

・㉝＿＿＿＿＿＿＿協定……ヒトの移動の自由が確保

・1998年：欧州中央銀行（㉞＿＿＿＿＿＿）設立

・1999年：単一通貨㉟＿＿＿＿＿導入……2022年現在，デンマーク・ス

ウェーデンなどを除く19か国がユーロに参加

・2020年：㊱＿＿＿＿＿＿が離脱

(2)南北アメリカ

①アメリカ・メキシコ・カナダ協定（㊲＿＿＿＿＿＿＿＿＿）

・前身は，北米自由貿易協定（NAFTA）

・㊳＿＿＿＿＿＿＿の厳格化……物品の原産地に関するルール。

域内原産割合が引き上げられた

②南米共同市場（㊴＿＿＿＿＿＿＿＿＿）

・南米の関税同盟。域内での関税撤廃と域外への共通関税の設定

(3)東アジア・環太平洋地域

①東南アジア諸国連合（ASEAN）

・日本・中国・韓国を加えた「ASEAN＋3」

・東アジア首脳会議（㊵＿＿＿＿＿＿）……「ASEAN＋3」にオース

トラリア・ニュージーランド・インドなどを加えた会議

②アジア太平洋経済協力（㊶＿＿＿＿＿＿＿）首脳・閣僚会議

・環太平洋地域の経済協力

サポート
㉒・ラウンド（1986～94年）で，日本は，コメの国内消費量の一定割合をミニマム・アクセスとして輸入することを受け入れた。

サポート
㉔は，最恵国待遇や内国民待遇をさす。最恵国待遇の例外としては，先進国が発展途上国からの輸入品についてのみ特別に関税を引き下げる「特恵関税制度」がある。

サポート
㉘とは，国内の販売価格よりも不当に低い価格で輸出すること。

サポート
㉝協定では，域内の国境検査の撤廃などを規定しており，スイスやノルウェーなどEU非加盟国も参加している。

サポート
㉞は㉟通貨圏の中央銀行にあたり，ドイツのフランクフルトに設置されている。

考察
USMCAの原産地規則の強化は，アメリカに製品を輸出している企業にとって，どのような影響があるのだろうか。

考察
ＦＴＡやＥＰＡを締結することに賛成する理由と反対する理由には，それぞれどのようなものがあるのだろうか。

5 ＦＴＡとＥＰＡ

(1)ＦＴＡ，ＥＰＡの活発化
・背景：ＷＴＯの交渉が難航し，世界的な貿易の自由化が進まない
・㊷＿＿＿＿(**自由貿易協定**)……物品の関税やサービス貿易の障壁などを削減・撤廃することを目的としたもの
・㊸＿＿＿＿(**経済連携協定**)……域内の貿易・投資の自由化，ヒトの移動の自由，知的財産権の保護などを促進するため，㊷＿＿＿＿より幅広い経済関係の強化を目的としたもの

(2)代表的なＦＴＡ・ＥＰＡ
①㊹＿＿＿＿(環太平洋パートナーシップ)協定
・環太平洋地域での，すべての物品の関税撤廃，サービス貿易の障壁の撤廃，投資，知的財産権，労働などの分野のルールづくりを含む包括的な協定
・2015年に大筋合意→2017年にアメリカが離脱し，アメリカ以外の参加11か国で再協議→2018年にＣＰＴＰＰとして発効
②**日米貿易協定**……2020年発効
③㊺＿＿＿＿(**地域的な包括的経済連携**)**協定**……ＡＳＥＡＮ・日本・中国・韓国・オーストラリア・ニュージーランドなど15か国によって合意

(3)ＦＴＡ・ＥＰＡの効果
・㊻＿＿＿＿**効果**……域内貿易を拡大させる
→国内市場の競争が活発化。経済構造の改革が進展
・㊼＿＿＿＿**効果**……関税を課される域外の国からの輸入をやめて，域内の国からの輸入で代替する
→域外の国は，貿易や投資などの面で不利な立場におかれる

FILE ＥＵの金融・財政政策

①ＥＵの歩み
・1967年：**欧州共同体**(㊽＿＿＿＿)発足……欧州石炭鉄鋼共同体，欧州経済共同体，欧州原子力共同体が統合
・1987年：単一欧州議定書発効……1992年までの市場統合を明記
・1992年：㉜＿＿＿＿条約調印
・1993年：欧州連合(ＥＵ)発足
・2007年：㊾＿＿＿＿**条約**調印
→ＥＵ大統領やＥＵ外相を設置
②ＥＵの課題
・**ユーロ危機**……2010年代に㊿＿＿＿＿で発生した財政危機をきっかけに，アイスランドやポルトガルなども財政危機に陥った
→**欧州安定メカニズム**((51)＿＿＿＿)……財政危機に陥った国に融資する制度を構築
・金融政策は一元化されているが，財政政策は統一されていない

サポート
ＥＵの原加盟国は，フランス・西ドイツ・イタリア・ベルギー・オランダ・ルクセンブルクの６か国である。

サポート
ＥＵ大統領とＥＵ外相は，正式には欧州理事会常任議長と外務・安全保障政策上級代表という。

1　次の記述を読み，正しければ〇を，誤っていれば×を記入せよ。

①アメリカはベトナム戦争などで経常収支の赤字が続いていたため，スミソニアン合意によって金とドルの交換を停止した。　　　　　　　　　　　　　　　　　　　　　　　　　　　　（　　）

②キングストン合意で，ドルと金との交換停止と変動相場制への移行が正式に承認された。（　　）

③現在では，主要国首脳会議に代わって，G20による首脳会議が開かれている。（　　）

④WTOでは，国内価格より不当に高い値段で輸出するダンピングが禁止されている。（　　）

⑤WTOでは，違反国に対する措置について，全加盟国が反対しない限り採択されるネガティブ・コンセンサス方式を採用している。　　　　　　　　　　　　　　　　　　　　　　　　　　（　　）

⑥ウルグアイ・ラウンドでは，非関税障壁に関する議論がはじめておこなわれた。（　　）

⑦ASEAN＋3とは，ASAEN諸国に日本，中国，韓国を加えた枠組みである。（　　）

⑧EUに加盟する国は，必ずユーロを導入しなければならない。（　　）

2　図は，経済統合の発展段階について示したものである。①〜④に当てはまる語句を，下の語群から選んで答えよ。

［語群］

関税同盟　　　共同市場

経済連携協定　　　自由貿易協定

①（　　　　　　　　　　　　　）

②（　　　　　　　　　　　　　）

③（　　　　　　　　　　　　　）

④（　　　　　　　　　　　　　）

形態		説明
地域協力 （経済統合の前段階）		特定の課題について協議するための枠組み
地域貿易協定	（　①　）	加盟国は関税を撤廃する。域外に対しては加盟国独自の関税を設定できる
	（　②　）	物品だけではなく，サービス・投資・人の移動の自由化，知的財産の保護など幅広く規定する
	（　③　）	域内では関税を撤廃し，域外に対しては共通の関税を設定する
経済統合の深化	（　④　）	域内の関税・貿易障壁を撤廃するだけではなく，域内の労働・資本などの生産要素の国際間移動も自由化される
	経済同盟	域内の経済政策もある程度調整・統合する
	完全経済同盟	域内の経済関係の諸機関が統合され，経済政策を完全に統一した，最も進んだ経済統合

チャレンジ

1　地域的経済統合に関する記述として正しいものを，次の①〜④のうちから一つ選べ。

①NAFTAに代わる枠組みとして，キューバを加えたUSMCAがつくられた。

②TPPは当初，シンガポール，チリ，ブルネイ，日本の4か国で発効した。

③南米のAPEC加盟国であるチリとペルーは，MERCOSURにも参加している。

④RCEPには，日本や中国・韓国・オーストラリアなども参加している。　　　　　（　　）

2　EUに関する記述として誤っているものを，次の①〜④のうちから一つ選べ。

①リスボン条約ではEU大統領やEU外相が設置され，政治，外交，安全保障などの面での統合がより強化された。

②イギリスで2016年におこなわれた国民投票では，EU離脱支持派が多数を占め，イギリスはEUを離脱した。

③2010年代に発生したユーロ危機をうけて，ギリシャはEUの単一通貨ユーロから離脱した。

④EUは中東欧諸国にも拡大しており，チェコやポーランドもEUに加盟している。　（　　）

国際経済の現状と課題

課題 国際経済において，各国や諸地域，国際経済機関が直面している問題とは何だろうか。

1　グローバル化の進展と世界貿易の拡大

(1)教科書 p.218の資料■「世界貿易の流れ」から読み取れる記述として，正しければ○を，誤っていれば
×を記入せよ。

①日本は，輸入額よりも輸出額の方が大きい。　　　　　　　　　　　　　　　　　　（　　）

②ＡＳＥＡＮの貿易総額よりも中国の貿易総額の方が大きい。　　　　　　　　　　　（　　）

③中国は輸入額よりも輸出額の方が大きいが，アメリカは輸出額よりも輸入額の方が大きい。（　　）

④日本とＥＵの貿易について，日本の輸入額は輸出額を上回っている。　　　　　　　（　　）

⑤日本からＵＳＭＣＡへの輸出額は，日本から東アジアへの輸出額を上回っている。　（　　）

(2)グローバル化の進展による世界貿易の課題には，どのようなものがあるのだろうか。

2　日米中の貿易をめぐる問題

(1)日本とアメリカの貿易や経済関係には，どのような問題があるのだろうか。

(2)日本と中国の貿易や経済関係には，どのような問題があるのだろうか。

(3)アメリカと中国の貿易や経済関係には，どのような問題があるのだろうか。

(4)教科書 p.218の「日米中の貿易をめぐる問題」の記述も参考にしながら，次の記述について，正しけれ
ば○を，誤っていれば×を記入せよ。

①アメリカはＴＰＰから離脱したが，日本との間で日米貿易協定を締結した。　　　（　　）

②日本にとって，中国は最大の貿易相手国であるが，日系企業の海外拠点は中国よりもアメリカの方
が多くなっている。　　　　　　　　　　　　　　　　　　　　　　　　　　　　（　　）

③中国は，「一帯一路」構想に基づき，圏域内ですべて無償の資金提供をおこない，国際的な経済発展
に貢献している。　　　　　　　　　　　　　　　　　　　　　　　　　　　　　（　　）

④アメリカは，中国製のＩＣＴ機器やＩＣＴサービスが自国の安全保障に脅威をもたらすとして，こ
れらを排除する動きをみせている。　　　　　　　　　　　　　　　　　　　　　（　　）

③ EUが直面している問題

(1)EUの現状や課題について述べた次の記述について，正しければ○を，誤っていれば×を記入せよ。

①EUの北欧における加盟国の一つにノルウェーがある。 （　　）

②欧州中央銀行（ECB）は，EUの共通通貨ユーロを発行するとともに，ユーロ圏における共通の金融政策を担っている。 （　　）

③加盟国の拡大にともない，EU加盟国間の経済格差は縮小傾向にある。 （　　）

④EUには，財政危機に陥った加盟国はこれまで存在しない。 （　　）

(2)イギリスで多くの人々がEU離脱を支持した理由の一つとして，移民問題があげられる。移民問題に対して，EU離脱派とEU残留派はそれぞれどのような主張をしたと考えられるだろうか。

[移民問題に対する「EU離脱派」の主張]

[移民問題に対する「EU残留派」の主張]

(3)イギリスのEU離脱において，移民問題以外にどのような問題が争点になったと考えられるだろうか。

(4)イギリスのEU離脱がイギリス国内に与えた影響には，どのようなものがあるのだろうか。

④ 国際経済機関や国際経済における発展途上国の課題とは？

(1)国際経済において，アフリカ諸国にはどのような特徴や課題があるのだろうか。

(2)WTOは，なぜ機能不全に陥っているのだろうか。

説明しよう

・日米中の貿易や，EU，ASEAN，アフリカ諸国，WTOなどの国際経済機関が直面している問題について，具体的な事例を調べた上で，自分の考えを説明してみよう。

45 国際経済における日本の地位と国際協力

サポート
新興国の中で，1970年代以降に発展し工業化が進展した国・地域を新興工業経済地域（NIEs）という。アジアでは韓国・台湾・香港・シンガポールをさす。

サポート
世界の約5分の4の人々は発展途上国に住んでいる。また，世界の約10人に1人が，1日あたり1.90ドル以下で暮らしている。一方で，世界のGDPのうち，約8割が上位20か国の先進国や新興国に集中している。

サポート
❸は，1960年代以降，資源保有国である発展途上国を中心に高まった。

サポート
経済格差は，国家間だけではなく一国の内部にも存在する。アメリカでは，情報通信産業などの成長産業を抱える都市が発展する一方で，鉄鋼や自動車などの製造業を抱える工業地帯が衰退している。

サポート
❶報告では，「援助よりも貿易を」をスローガンとし，発展途上国の貿易促進による自立的な経済成長をめざしていた。

1 国際経済における日本の地位

・1990年代以降，日本経済は停滞

　──❶＿＿＿＿＿＿＿＿＿＿（ブラジル・ロシア・インド・中国・南アフリカ）
　　などの新興国が経済成長

・日本の貿易総額は世界第4位

・日本企業の多国籍化

　──国際経済の❷＿＿＿＿＿＿＿＿＿（サステナビリティ）をもった安定
　　と成長を達成するために，日本は国際協調政策を主導することが必要

2 課題探究：国際経済格差の是正と国際協力 〈教科書p.240〜245〉

(1)発展途上国の実情

　①❸＿＿＿＿＿問題……北半球に多い先進国と，南半球に多い発展途上国と
　の間にある格差や，それにともなうさまざまな問題

　　・特定の一次産品の生産や輸出に依存する❹＿＿＿＿＿＿
　　　経済が原因の一つ

　②❺＿＿＿＿＿問題……発展途上国の中でも，工業化が比較的進んでいる新
　興国と，資源が乏しく開発も遅れている❻＿＿＿＿＿
　　（LDC）との間にある格差

　　・❼＿＿＿＿＿＿＿＿＿（HIPC）……累積債務が深刻化してい
　　る国。特にアフリカに多い

(2)❽＿＿＿＿＿＿＿＿＿＿＿＿＿＿……自国の資源は自国に利用す
　る権利があるとする考え方

　・1960年：❾＿＿＿＿＿＿＿＿＿（OPEC）設立

　・1974年：国連資源特別総会で「新国際経済秩序(❿＿＿＿＿＿＿＿)樹
　　立宣言」

　　──レアメタルやレアアースなどの鉱物資源の国家管理を強化する国も

(3)発展途上国における工業化政策

　⓫＿＿＿＿＿＿＿工業化の限界

　　└先進国から輸入する工業製品に代わって国内で工業製品を製造し，国
　　　民に向けて供給する

　　・保護貿易政策により，輸出力が高まらない──累積債務問題

　⓬＿＿＿＿＿＿＿工業化をめざす政策へ

　　└外国資本を積極的に受け入れ，国内で製造した製品を世界に輸出する

(4)国際社会の支援

　・1962年：⓭＿＿＿＿＿＿＿＿（国連貿易開発会議）設立

　　──1964年：第1回総会……⓮＿＿＿＿＿＿＿報告

　　　①⓯＿＿＿＿＿制度の導入

　　　②GNP比1%の援助目標の設定（現在はGNI比⓰＿＿＿＿%）

　・1961年：⓱＿＿＿＿＿＿＿（経済協力開発機構）設立

　　──下部組織の⓲＿＿＿＿＿＿（開発援助委員会）が発展途上国を援助

- 2000年：国連ミレニアム宣言採択……2015年までに達成すべき目標として，ミレニアム開発目標（MDGs）を策定

  ➡2030年までに達成すべき新たな目標として，**持続可能な開発目標（⑲**

  　　　　　　　　）を策定
- 発展途上国間での国際協力（⑳　　　　　　　　　　　）

③ 発展途上国への支援と政府開発援助 〈課題探究➡教科書 p.240〜245〉

(1)さまざまな支援
- 質の高い社会資本（インフラストラクチャー）を整備
- 技術面での支援や教育を通じた人的資本の蓄積
- 先進国の企業によるBOPビジネスの展開
- ㉑　　　　　　　　　　　……発展途上国の製品を適正な価格で継続的に購入することで，低賃金で働く現地の労働者の生活改善と自立を図る貿易のしくみ
- ㉒　　　　　　　　　　　……貧困層向けの金融サービス。無担保や低利子で少額の融資をおこなうグラミン銀行（バングラデシュ）のマイクロクレジットなど
- ㉓　　　　　　消費……一人ひとりが，社会的問題の解決について考慮しながら消費活動をおこなうこと

(2)㉔　　　　　　　　　　（ODA）……先進国の政府が発展途上国に対しておこなう資金・技術提供
- 日本では㉕　　　　　　　　　　　（JICA）が実施
- 種類：①返済義務を課さない㉖　　　　　　　　　　と技術協力

  ②長期の貸し付けで低金利の㉗　　　　　　　　　　（借款）

  ③国際機関向けの拠出・出資など

  　　➡日本では㉘　　　　　　　　　　　に基づいて援助
- 日本のODAの贈与比率はDAC平均と比べて低い

  ➡返済義務を課すことで，相手国の自助努力を促すという側面もある

(3)国際開発金融機関
- 世界銀行グループ……㉙　　　　　　　　　　　（IBRD），国際開発協会（IDA），国際金融公社（IFC）など
- ㉚　　　　　　　　　　　（ADB）……日本が最大の出資国
- アジア・インフラ投資銀行（㉛　　　　　　　　）……中国が主導。アジアにおける社会資本整備のために発展途上国への投資や融資をおこなう

④ SDGsの目標達成に向けて 〈課題探究➡教科書 p.258〜263〉

(1)SDGsの目標
- 「誰一人取り残さない」社会をめざして，貧困対策，テロ対策，難民の保護，地球環境問題などさまざまな分野における**地球規模課題**に取り組む

(2)国際社会における不平等の現状
- 人間開発指数（㉜　　　　　　）……健康，教育・知識，生活水準の観点から社会の豊かさや進歩の度合いを測る指標。㉝　　　　　　　　　（UNDP）が発表

  ➡国内の不平等を加味した不平等調整済み人間開発指数（IHDI）もある

サポート

㉘は，ODA大綱に代わり2015年に決定された（2023年改定）。基本方針として，非軍事的協力による平和と繁栄への貢献，新たな時代の「人間の安全保障」，発展途上国との共創，国際的ルールの普及・実践に基づく協力が明記されている。

考察

自由・民主主義・基本的人権の尊重・法の支配といった普遍的価値が，発展途上国の自立的発展に必要とされるのは，なぜなのだろうか。

・女性への暴力，性的搾取，人身取引，強制的な結婚など

　──➌➍　　　　　　　　　　　　　　　　　・ヘルス／ライツ(性と生殖に関する健康と権利)を尊重することが必要

・不平等の是正に向けた，経済学者➌➎　　　　　　の考え方

　……「人間開発」の視点に立って，一人ひとりの能力の強化(➌➏　　　　　　　　　　　　　　　　)に着目した取り組みが必要

　※「人間の安全保障」……「人間開発」を阻害する要因から人々を保護しようとする考え方

(3) SDGsの目標達成のための取り組み

　①健康・福祉：子どもの命を守る。出産を安全におこなえるようにする。新薬やワクチンを開発し，すべての人が医療にアクセスできるようにする

　②教育：特に，女性・障害者・少数民族などの教育支援が課題

　③食糧問題，安全な水の確保

　　・➌➐　　　　　　　　　　　　　　(FAO)……食糧不足や栄養不良，農村の貧困をなくすために，生産的で持続可能な農業を実現するための取り組みを実施

　　・➌➑　　　　　　　　　　　　　　(WFP)……飢餓と貧困の連鎖を断ち切るための食糧支援を実施

　　・国連児童基金(➌➒　　　　　　　　　　　　　　)……世界の子どもたちの保健・栄養・水と衛生・教育などへの支援を実施

FILE 地球環境と資源・エネルギー問題　〈課題探究➡教科書 p.234〜239〉

(1) 地球環境問題の現状

①地球温暖化……極地の氷の融解や異常気象をもたらす

②➍➐　　　　　　　　層の破壊……紫外線が皮膚がんや白内障の原因に

　原因：冷蔵庫の冷媒や洗浄剤，スプレーなどのフロンガスの放出

　・1985年：ウィーン条約を採択……➍➐　　　　　　　　層の保護を規定

　・1987年：➍➊　　　　　　　　　　議定書を採択……フロンガスなどを規制

③野生生物種の減少……生態系を破壊──▶人間の生活にも深刻な影響

　原因：乱獲や環境汚染

　・1973年：➍➋　　　　　　　　条約を採択……絶滅のおそれのある野生動植物の国際取り引きを規制

④➍➌　　　　　　　　……強い酸性の雨で，国境をこえて広範囲に拡大。森林・農作物への被害，湖沼の生物の死滅，建物・彫刻の浸食をもたらす

　原因：大気中に放出される硫黄酸化物や窒素酸化物

⑤砂漠化や熱帯林の減少……野生生物種の減少，地球温暖化の促進

　原因：大規模な農地開発，過耕作，無秩序な伐採

　・1994年：➍➍　　　　　　　　　　条約を採択……特にアフリカにおける砂漠化防止策などを規定

⑥そのほかの環境保全に関する国際条約

　・➍➎　　　　　　　　　　　条約(1971年採択)……水鳥の生息地として

重要な湿地の保護を規定
- ・ロンドン条約(1972年採択)……廃棄物の海洋投棄などを規制
- ・❹❻　　　　　　　条約(1972年採択)……世界の文化遺産と自然遺産の保護を規定。ＵＮＥＳＣＯの総会で採択
- ・❹❼　　　　　　　条約(1989年採択)……有害廃棄物の国境をこえる移動や処分について規制

(2)地球環境問題への取り組み

- ・1972年：❹❽　　　　　　　会議[ストックホルム]

……スローガンは「かけがえのない地球」。人間環境宣言を採択し，❹❾　　　　　　　（ＵＮＥＰ）の設置を決定

- ・1992年：❺⓪　　　　　　　会議(地球サミット)[リオデジャネイロ]

……「持続可能な開発」を基本理念とした「リオ宣言」を採択──→行動計画として❺❶　　　　　　　を策定。下記の2つの条約を採択

　　　①❺❷　　　　　　　条約……地球温暖化に対する国際的な取り組みを規定

　　　②❺❸　　　　　　　条約……生物の生息環境の保全と遺伝資源の持続可能な利用などについて規定

- ・1997年：❺❷　　　　　　　条約第3回締約国会議[京都]

……❺❹　　　　　　　を採択(2005年発効)──→2012年までの先進国の❺❺　　　　　　　ガスの削減目標を盛り込む

　　　──→2013年以降も延長(日本・ロシア・カナダは延長を拒否)

- ・2002年：❺❻　　　　　　　サミット[ヨハネスブルク]

……「持続可能な開発」に向けた計画を決定。ヨハネスブルク宣言を採択──→2012年の「持続可能な開発会議」(リオ＋20)で，経済成長と環境保全を両立させる「❺❼　　　　　　　」を提唱

- ・2015年：❺❽　　　　　　　を採択

……発展途上国を含むすべての国が自主的に削減目標を設定し，その対策をとることを義務づけ

　　──→日本は，2050年までに❺❺　　　　　　　ガスの増加を全体として実質ゼロにする❺❾　　　　　　　の実現をめざす

(3)資源・エネルギー問題への取り組み

[日本の原子力政策]

- ・1955年：❻⓪　　　　　　　法を制定──→原発の建設が進む
- ・2002年：エネルギー政策基本法を制定……エネルギーの安定的な確保が目的──→その後も，原発の推進はエネルギー政策の基本方針

　　※❻❶　　　　　　　……プルサーマルや高速炉による使用済み核燃料の再処理・再利用

- ・2011年3月11日：東日本大震災が発生……福島第一原発事故により大量の放射性物質が飛散──→原子力政策は大きな転換を迫られる

サポート
2010年の❺❸条約第10回締約国会議は名古屋で開催され，遺伝資源の利用や公正な利益配分に関する名古屋議定書が採択された。

サポート
❺❹で導入された京都メカニズムには，①国際排出量取引，②クリーン開発メカニズム，③共同実施の3つがある。この基本的なしくみは，❺❽にも受け継がれている。

サポート
原子力発電は，二酸化炭素などの❺❺ガスを排出しないが，放射性物質による汚染事故や放射性廃棄物の処理など，安全面で課題がある。

サポート
ドイツは原発の廃止を決定し，イタリアは原発建設計画を撤回した。一方で，エネルギー需要の高まりから原発の建設を推進する国もある。

[新エネルギー]

・日本は資源のほとんどを外国に依存━━→エネルギー安全保障の観点から**新エネルギー(再生可能エネルギー)**の開発が急務

①新エネルギー：太陽光・太陽熱・風力・地熱・**㉖**＿＿＿＿＿＿＿＿＿＿＿＿＿＿＿
＿＿＿＿(動植物に由来するエネルギー)など

②再生可能エネルギー：新エネルギー＋水力・波力など

・**㊳**＿＿＿＿＿＿＿＿＿＿＿＿＿＿＿＿＿＿(熱電併給)システム
……発電時の排熱を冷暖房や給湯に利用するシステム

(4)エネルギー政策の見直し

・電力事業の見直し

①2012年：**㊹**＿＿＿＿＿＿＿＿＿＿＿**制度**の導入……再生可能エネルギーによる電力を，電力会社が一定価格で買い取る制度

②2020年：**㊺**＿＿＿＿＿＿＿＿＿＿の導入……電力会社から送配電事業を分離すること━━→電力自由化を促進

・**㊻**＿＿＿＿＿＿＿＿＿＿＿＿＿＿＿＿(次世代送電網)……コンピュータで電力需要を瞬時に把握して，効率よく送電するしくみ
━━→「**㊼**＿＿＿＿＿＿＿＿＿＿＿＿＿＿＿＿＿＿」……先端技術を駆使して電力の無駄をなくし，環境に配慮した社会

・「**3E＋S**」……安全性，安定供給，効率性，環境適合性の４つ。日本のエネルギー政策の基本的な視点として位置づけられている

ステップアップ

1　次の記述を読み，正しければ〇を，誤っていれば×を記入せよ。

①他国への債務返済が困難になる累積債務問題は，もっぱら後発発展途上国のみにみられる現象である。　　　　　　　　　　　　　　　　　　　　　　　　　　　　（　　）

②資源ナショナリズムの主張が叫ばれるようになると，産油国は欧米の国際石油資本(メジャー)に対抗して，ＯＰＥＣやＯＡＰＥＣを設立した。　　　　　　　　　　　　　（　　）

③マイクロファイナンスとは，貧困層向けの少額融資などの金融サービスのことである。　　（　　）

④有償資金協力は発展途上国に対して返済義務を課すため，ＯＤＡに含まれない。　　（　　）

⑤アジアにおけるインフラ整備のために，発展途上国に投資や融資をおこなうアジア・インフラ投資銀行(ＡＩＩＢ)は，日本の主導で設立された。　　　　　　　　　　　　　（　　）

⑥日本のＯＤＡの贈与比率は，ＤＡＣ加盟国の平均よりも高い。　　　　　　　　（　　）

⑦「かけがえのない地球」をスローガンとした国連人間環境会議では，国連環境計画(ＵＮＥＰ)の設置が決まった。　　　　　　　　　　　　　　　　　　　　　　　　　（　　）

⑧京都議定書では，発展途上国を含むすべての国が自主的に削減目標を設定し，その対策をとることが義務づけられた。　　　　　　　　　　　　　　　　　　　　　　　　（　　）

⑨日本は2050年までに，温室効果ガスの増加を全体として実質ゼロにするカーボンニュートラルの社会の実現をめざしている。　　　　　　　　　　　　　　　　　　　　　（　　）

⑩原子力発電は核燃料サイクルによってエネルギー源を繰り返し利用できるため，再生可能エネルギーに含まれる。　　　　　　　　　　　　　　　　　　　　　　　　　（　　）

2 図は，先進国のODAの推移について示したものである。A～Dにあてはまる国名として最も適当なものを，次のア～エのうちからそれぞれ選べ。

ア．日本　　イ．イタリア
ウ．ドイツ　エ．アメリカ

A（　　）
B（　　）
C（　　）
D（　　）

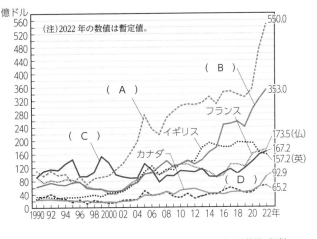

3 図は，おもな国の1次エネルギーについて示したものである。A～Dにあてはまる国名として最も適当なものを，次のア～エのうちからそれぞれ選べ。

ア．日本　　イ．中国
ウ．カナダ　エ．フランス

A（　　）
B（　　）
C（　　）
D（　　）

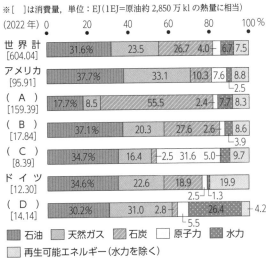

チャレンジ

1 発展途上国をめぐる課題に関する記述として正しいものを，次の①～④のうちから一つ選べ。

①植民地時代に宗主国によって，少数の工業製品の生産に依存するモノカルチャー経済が形成されたことが，発展途上国における経済発展の妨げとなることがある。

②人間開発指数（HDI）は，国ごとに人間開発の程度を示した指標であり，平均寿命，教育水準，失業率の三つの指標をもとに算出されている。

③国連世界食糧計画（WFP）のハンガーマップは，アフリカの国々の間では栄養不足人口の割合に大きな差がないことを示している。

④飢餓の原因となる食糧不足の問題の背景として，農業への異常気象の影響や，人口の増加，経済格差などが指摘されている。（　　）

2 地球環境問題への取り組みに関する記述として正しいものを，次の①～④のうちから一つ選べ。

①国連環境開発会議は環境問題に対する初の国際会議であり，「持続可能な開発」を基本理念としたリオ宣言が採択された。

②バーゼル条約は，水鳥の生息地として国際的に重要な湿地の保護を目的としたものである。

③2012年に開かれた国連持続可能な開発会議（リオ＋20）では，「グリーン経済」の推進が提唱された。

④気候変動枠組み条約の締約国会議で採択されたパリ協定では，締約国が温室効果ガス削減目標を設定し，その目標を達成することが義務づけられた。（　　）

46 国際経済の安定と成長に向けた日本の役割

諸課題へのアプローチ

課題　感染症の脅威に対して，日本はどのような役割を果たすことができるのだろうか。

1　感染症の拡大と世界経済への影響

(1)教科書 p.226の資料■「世界の実質GDP成長率」からは，2009年と2020年にGDP成長率が世界的に落ち込んでいることが読み取れる。それぞれ，どのような原因によるものだろうか。

> [2009年]
>
> [2020年]

(2)2009年と2020年のGDP成長率の落ち込みには，どのような違いがあるのだろうか。

2　自由貿易の維持と世界的な医薬品の供給をめぐる国際的な連携・協力

(1)世界貿易機関(WTO)について述べた次の記述について，正しければ○を，誤っていれば×を記入せよ。

①WTOは，GATTのウルグアイ・ラウンドにおける合意に基づいて設立された。　（　　）

②中国は国際的な経済活動を活発におこなっているものの，WTOには加盟していない。　（　　）

③WTOは，加盟国が貿易規制を強化する場合，その措置をWTOに通知することを義務づけている。

（　　）

④WTOは，緊急時においては医薬品に対する特許権を停止し，発展途上国の人々が安い価格で新薬を入手できるようにしている。

（　　）

(2)教科書 p.226の資料■「世界貿易の推移」から読み取れる2000年代以降の世界貿易の特徴について，説明せよ。

(3)医薬品アクセス問題の解決策として，どのようなものが考えられるのだろうか。

(4)新型コロナウイルス感染症の世界的な拡大に対応するために設立されたCOVAXファシリティは，どのような活動をおこなっているのだろうか。

3 感染症対策にみる日本の発展途上国への支援と課題

(1)感染症に対する発展途上国への支援として，日本はこれまでどのような取り組みをおこなってきたのだろうか。

（解答欄）

(2)感染症に対する日本の発展途上国への支援には，どのような課題があるのだろうか。また，その課題の解決策として，どのようなものが考えられるのだろうか。

［課題］

［課題の解決策］

4 ユニバーサル・ヘルス・カバレッジを達成するための取り組みとは？

(1)すべての人が医療・福祉サービスを無理なく享受できるようにするためには，「物理的アクセス」「経済的アクセス」「社会慣習的アクセス」の 3 つの要素を改善する必要がある。下のア～オの選択肢を，それぞれ関連するアクセスに分別せよ。

ア．病気にともない収入が減る　　イ．医療費の自己負担が高い　　ウ．医師や看護師がいない
エ．家族の許可が得られない　　オ．近所に医療施設がない

物理的アクセス（　　　　　　　　　）　　経済的アクセス（　　　　　　　　　）
社会慣習的アクセス（　　　　　　　　　）

(2)ユニバーサル・ヘルス・カバレッジの達成に向けて，発展途上国間での協力（南南協力）が必要とされる。発展途上国間で協力しあうメリットには，どのようなものがあるのだろうか。

（解答欄）

(3)ユニバーサル・ヘルス・カバレッジの達成に向けて，医療・福祉サービスの産学連携や官民連携が必要となるのはなぜだろうか。

（解答欄）

説明しよう

・国際経済の安定と成長を持続可能なものにし，世界の貧困をなくしていくために，日本は国際社会でどのような役割を果たすべきだろうか。自分の考えを説明してみよう。

（解答欄）

47 演習問題④

問1　表は，リカードの比較生産費説を説明するための例を示している。A国には220人，B国には360人の労働者が存在し，貿易前は各国とも自動車と衣料品を1単位ずつ生産している。比較生産費説の考え方として最も適当なものを，下の①〜④のうちから一つ選べ。 思・判・表

	自動車1単位の 生産に必要な労働量	衣料品1単位の 生産に必要な労働量
A国	100人	120人
B国	200人	160人

①自動車も衣料品もA国の方が生産技術が優れているため，A国が両材を生産・輸出し，B国が両材を輸入すれば，両国全体の生産量が増加する。

②A国が自動車の生産に特化し，B国が衣料品の生産に特化して貿易すれば，両国全体の生産量は自動車が2.25単位，衣料品が2.2単位となり，両材とも貿易前より増加する。

③A国が自動車の生産に特化し，B国が衣料品の生産に特化して貿易すれば，両国全体の生産量は自動車が2.2単位，衣料品が2.25単位となり，両材とも貿易前より増加する。

④A国が衣料品の生産に特化し，B国が自動車の生産に特化して貿易すれば，両国全体の生産量は自動車が3単位，衣料品が2.3単位となり，両材とも貿易前より増加する。　　　　（　　　）

問2　国際収支に関する記述について正しいものを，次の①〜④のうちから一つ選べ。 知・技
①海外への投資額が海外からの投資額を上回ると，金融収支は黒字となる。
②日本の経常収支は，2000年代に初めて赤字化した。
③投機目的での資本移動の増加は，直接投資額の増加を意味する。
④海外への物資の無償援助は，資本移転等収支のプラスに計上される。　　　　（　　　）

問3　円高の方向にはたらく要因として正しいものを，次の①〜④のうちからすべて選べ。 思・判・表
①日本でコメが不作となり，コメの輸入が大幅に増加した。
②訪日外国人旅行者によるインバウンド需要が大幅に増加した。
③日本企業の本社に対する国外からの特許料支払いが大幅に増加した。
④日本に居住する外国人労働者の母国への送金が大幅に増加した。　　　　（　　　　　）

問4　国際金融に関する合意や協定の名称A〜Cと，それらについての記述①〜③の正しい組みあわせを答えよ。 知・技
A．キングストン合意　　B．プラザ合意　　C．ブレトンウッズ協定
①アメリカへの資本流入によるドル高是正を背景に，為替相場がドル安に誘導された。
②変動相場制が承認されるとともに，金に代わってSDR（特別引出権）の役割を拡大することが取り決められた。
③金とドルの交換を前提に，ドルと各国の通貨とが固定相場で結びつけられた。

A（　）　　B（　）　　C（　）

問5　国際経済に関する諸機関や協定をめぐる次のできごと①〜④を古い順に並べよ。知・技

①ウルグアイ・ラウンドの結果，サービス貿易や知的財産権の保護に関するルールがつくられた。

②ブロック経済を防止するため，物品の貿易に関して加盟国間の最恵国待遇の原則が導入された。

③日本がEPA（経済連携協定）を締結し始めた。

④UNCTAD（国連貿易開発会議）の第1回総会において，一次産品の価格安定や発展途上国の製品に対する特恵関税の供与などの要求がなされた。　　　　　　　　　　（　　→　　→　　→　　）

問6　1990年代以降に発生した経済危機に関する記述として誤っているものを，次の①〜④のうちから一つ選べ。知・技

①アメリカではリーマン・ショックをうけて，金融機関などに対する規制・監督が強化された。

②アジア通貨危機が契機となって，国際連合はUNDP（国連開発計画）を設立した。

③国際金融市場でのヘッジファンドによる投機が，経済危機を引き起こす一因となった。

④日本ではバブル経済の崩壊が契機となって，金融機関の監督・検査をおこなう金融監督庁（後に金融庁に改組）が発足した。　　　　　　　　　　　　　　　　　　　　　　　　　　（　　）

問7　地域的経済統合の具体例の説明として適当でないものを，次の①〜④のうちから一つ選べ。知・技

①コメコン（経済相互援助会議）は社会主義的国際分業の原則を決定し，中国も社会主義的な計画経済の国際的発展の観点からこれに参加した。

②USMCAの前身であるNAFTAは，アメリカ・メキシコ・カナダの3か国間での貿易や投資の拡大をめざして調印された。

③EUでは欧州中央銀行が設立され，単一通貨としてユーロが流通しているが，ユーロを導入していないEU加盟国もある。

④MERCOSURは，アルゼンチンやブラジルなど南米の一部の国によって，域内の自由貿易を促進するために結成された。　　　　　　　　　　　　　　　　　　　　　　　　　　　（　　）

問8　ODAや世界銀行の支援に関する記述として正しいものを，次の①〜④のうちから一つ選べ。知・技

①日本のODAに占める贈与比率は，総額の半分をこえている。

②ODAには国際機関に対する出資や拠出は含まれず，二国間の援助のみをさす。

③世界銀行は，国際業務を含む各国の民間銀行に対して，自己資本比率を一定以上に維持するよう国際的な規制を設けている。

④日本の援助額の対象地域別の割合をみると，アジア地域に対するものが最大となっている。（　　）

問9　エネルギーや資源に関する記述として適当でないものを，次の①〜④のうちから一つ選べ。知・技

①第一次石油危機が生じた原因の一つとして，OPEC（石油輸出国機構）による原油価格の引き上げがある。

②発電する際に発生する熱のエネルギーを暖房や給湯に利用するしくみを，コージェネレーションシステムという。

③中国の一次エネルギーの年間消費量は世界第一位であるが，一人あたりの一次エネルギーの年間消費量は世界第一位ではない。

④枯渇性資源の可採年数とは，年間の生産量をその時点での確認可採埋蔵量で割ったものであり，埋蔵資源の新規発見により変化することがある。　　　　　　　　　　　　　　　　　　　（　　）

48 第2編の総合問題

問1　アメリカのニクソン大統領についての説明として適当なものを，次の①〜④のうちから一つ選べ。
　①「言論と表現の自由」，「信仰の自由」など4つの自由を提唱した。　知・技
　②深刻化したドル危機に対応するために，金とドルの交換を停止した。
　③ソ連のゴルバチョフ書記長とのマルタ会談で，冷戦の終結を宣言した。
　④「核兵器のない世界」の構想を打ち出し，ノーベル平和賞を受賞した。　（　　　）

問2　国際機関についての説明として適当なものを，次の①〜④のうちから一つ選べ。　知・技
　①北大西洋条約機構（NATO）は，戦争からの復興と加盟国の経済開発を目的に設立された。
　②プラザ合意に基づいて，アジア・インフラ投資銀行（AIIB）が設立された。
　③新興国の中でもBRICSとよばれる国々によって，東アジア首脳会議（EAS）が設立された。
　④国際司法裁判所は国連の機関の一つであるが，提訴するにはすべての当事国の同意が必要である。
　（　　　）

問3　以下のア〜ウの紛争の説明として適当なものを，次の①〜④のうちから一つずつ選べ。　思・判・表
　ア．湾岸戦争　　イ．ルワンダ内戦　　ウ．カシミール問題
　①全土を統治する政府が崩壊し，近海では海賊行為が多発した。
　②日本は多額の資金提供をおこない，終結後に自衛隊の掃海艇を派遣した。
　③国境を画定するための衝突が繰り返されている。
　④民族間でジェノサイドが深刻化したが，終結後は民族の融和と和解が進められている。
　（ア—　　　イ—　　　ウ—　　　）

問4　「三原則」について述べた以下のXとYの記述に関する正誤の組みあわせとして正しいものを，次の①〜④のうちから一つ選べ。　知・技
　X：GATTの三原則とは，「自由・無差別・多角主義」である。
　Y：防衛装備移転三原則とは，「もたず，つくらず，もちこませず」である。
　①X：正　Y：正　　②X：誤　Y：正　　③X：正　Y：誤　　④X：誤　Y：誤　（　　　）

問5　日本の外交に関する出来事について，次の①〜④を古いものから順に並べよ。　知・技
　①第1回先進国首脳会議が開催され，日本もこの会議に参加した。
　②日中共同声明により，中国との国交正常化を果たした。
　③日本とアメリカとの間で，日米貿易協定が締結された。
　④日韓基本条約により，韓国との国交正常化を果たした。　（　　→　　→　　→　　）

問6　発展途上国に関する記述として適当なものを，次の①〜④のうちから一つ選べ。　知・技
　①ウェストファリア会議で，発展途上国で多発する難民を保護する責任が提唱された。
　②発展途上国が多いアジア・アフリカの国々は，東西対立に巻き込まれないように非同盟中立の立場を打ち出した。
　③マイクロファイナンスとは，発展途上国の原料や商品を適正な価格で継続的に購入することである。
　④日本の政府開発援助（ODA）は，おもに平和維持軍（PKF）によっておこなわれている。
　（　　　）

問7　核兵器を中心とした軍縮について述べた以下の記述について，次の①〜④を古いものから順に並べよ。知・技

①アメリカ・イギリス・ソ連が，部分的核実験禁止条約（ＰＴＢＴ）に調印した。

②国連で，核兵器禁止条約が採択された。

③戦略兵器削減条約（ＳＴＡＲＴ）の調印によって，米ロは配備済みの核弾頭の削減に同意した。

④国連で，包括的核実験禁止条約（ＣＴＢＴ）が採択された。

（　　　　→　　　　→　　　　→　　　　）

問8　国際社会にかかわる記述として適当なものを，次の①〜④のうちから一つ選べ。知・技

①ＧＡＦＡでは，違反国に対する措置の決定にネガティブ・コンセンサス方式がとられている。

②タックスヘイブンとは，国内の販売価格よりも不当に安い価格で輸出することである。

③グローバル・サプライチェーンとは，難民を迫害するおそれのある国に難民を送還してはならないことである。

④国際人権規約は，世界人権宣言を具体化して国連総会で採択されたものであり，法的拘束力がある。

（　　　　）

問9　世界的な金融危機や通貨危機に関する記述として誤っているものを，次の①〜④のうちから一つ選べ。知・技

①1997年のアジア通貨危機では，タイの通貨バーツが急落し，この影響を受けてインドネシアや韓国などでも金融機関や企業が破綻した。

②2008年の世界金融危機では，アメリカのサブプライム・ローンの不良債権化をきっかけとして欧米のヘッジファンドや金融機関が損失を被り，製造業にも影響を及ぼした。

③2010年代のユーロ危機は，ギリシャの財政危機をきっかけとして，アイスランドやポルトガルなども財政危機に陥った。

④金融危機や通貨危機に陥った国に対しては，世界銀行（ＩＢＲＤ）が中心となって融資をおこなうことで，当該国の経済復興が図られている。

（　　　　）

問10　南北問題に関連する記述として適当なものを，次の①〜④のうちから一つ選べ。知・技

①発展途上国と先進国の人口増加率を比較すると，発展途上国の方が低い。

②発展途上国の中でも，産油国や新興国と，それ以外の国との経済格差を南南問題という。

③発展途上国の中でも，中南米諸国は他の地域に比べて一人当たり国民所得が低い水準にある。

④後発発展途上国とは，ＮＩＥｓやＢＲＩＣＳの国々をさす。

（　　　　）

問11　以下のア〜ウの国際機関の説明として適当なものを，次の①〜④のうちから一つずつ選べ。思・判・表

ア．経済協力開発機構（ＯＥＣＤ）　　イ．国連開発計画　　ウ．国連貿易開発会議（ＵＮＣＴＡＤ）

①天然資源の恒久主権など発展途上国の利益を重視した新国際経済秩序の樹立を宣言した。

②1964年の第1回総会でプレビッシュ報告が提出され，発展途上国に対する特恵関税制度の導入や対ＧＮＰ比1％の援助目標の設定などが打ち出された。

③下部組織として開発援助委員会（ＤＡＣ）が設けられ，発展途上国への援助の量的拡大とその効率化がめざされている。

④1994年に『人間開発報告書』の中で「人間の安全保障」という概念を提唱した。

（ア—　　　　イ—　　　　ウ—　　　　）

49 略語に関する問題

問 次の略語の正式名称を語群から選び，記号で答えよ。

国際連合に関する略語

①ICJ（　）　②WTO（　）　③WHO（　）　④ILO（　）　⑤IAEA（　）
⑥UNESCO（　）　⑦UNHCR（　）　⑧IBRD（　）　⑨UNICEF（　）
⑩UNEP（　）　⑪UNCTAD（　）　⑫IMF（　）　⑬UNDP（　）

〔語群〕

ア．国連難民高等弁務官事務所　　イ．世界保健機関　　ウ．国連環境計画　　エ．国際通貨基金
オ．国際労働機関　　カ．国連貿易開発会議　　キ．国際司法裁判所　　ク．国際原子力機関
ケ．世界貿易機関　　コ．国連教育科学文化機関　　サ．国連児童基金　　シ．国際復興開発銀行
ス．国連開発計画

国際経済に関する略語

①GATT（　）　②ECB（　）　③OECD（　）　④DAC（　）　⑤EPA（　）
⑥ASEAN（　）　⑦USMCA（　）　⑧MERCOSUR（　）　⑨APEC（　）
⑩NIEO（　）　⑪ODA（　）　⑫OPEC（　）　⑬SDR（　）　⑭TPP（　）
⑮LDC（　）　⑯FTA（　）　⑰EAS（　）　⑱EU（　）

〔語群〕

ア．新国際経済秩序　　イ．欧州中央銀行　　ウ．アジア太平洋経済協力　　エ．後発発展途上国
オ．経済協力開発機構　　カ．東アジア首脳会議　　キ．東南アジア諸国連合　　ク．欧州連合
ケ．アメリカ・メキシコ・カナダ協定　　コ．関税および貿易に関する一般協定
サ．自由貿易協定　　シ．南米共同市場　　ス．特別引出権　　セ．環太平洋パートナーシップ
ソ．経済連携協定　　タ．開発援助委員会　　チ．政府開発援助　　ツ．石油輸出国機構

核兵器と軍縮に関する略語

①START（　）　②SALT（　）　③NPT（　）　④PTBT（　）
⑤INF（　）　⑥CTBT（　）　⑦MD（　）

〔語群〕

ア．中距離核戦力　　イ．戦略兵器削減条約　　ウ．戦略兵器制限交渉　　エ．ミサイル防衛
オ．核兵器拡散防止条約　　カ．包括的核実験禁止条約　　キ．部分的核実験禁止条約

その他の略語

①GDP（　）　②ISO（　）　③NGO（　）　④PKO（　）　⑤PLO（　）
⑥PPP（　）　⑦NPO（　）　⑧M&A（　）　⑨GHQ（　）　⑩ICC（　）
⑪NATO（　）　⑫OSCE（　）　⑬CSR（　）　⑭NNP（　）　⑮GNI（　）
⑯ICT（　）　⑰EPR（　）　⑱PL法（　）　⑲ADR（　）

〔語群〕

ア．非営利組織　　イ．国民総所得　　ウ．国際標準化機構　　エ．欧州安全保障協力機構
オ．平和維持活動　　カ．非政府組織　　キ．情報通信技術　　ク．裁判外紛争解決手続
ケ．合併・買収　　コ．連合国軍総司令部　　サ．拡大生産者責任　　シ．北大西洋条約機構
ス．汚染者負担の原則　　セ．企業の社会的責任　　ソ．国民純生産　　タ．製造物責任法
チ．国内総生産　　ツ．パレスチナ解放機構　　テ．国際刑事裁判所

学習事項の整理と問題

政治・経済ノート

2023年 1 月10日 　初版　　第 1 刷発行	編　者　第一学習社 編集部
2024年 1 月10日 　初版　　第 2 刷発行	発行者　松 本 洋 介
	発行所　株式会社 第一学習社

広　島：〒733-8521　広島市西区横川新町 7 番14号　　　　　　☎082-234-6800
東　京：〒113-0021　東京都文京区本駒込 5 丁目16番 7 号　　　☎03-5834-2530
大　阪：〒564-0052　吹田市広芝町 8 番24号　　　　　　　　　☎06-6380-1391
札　幌：☎011-811-1848　　仙　台：☎022-271-5313　　新　潟：☎025-290-6077
つくば：☎029-853-1080　　横　浜：☎045-953-6191　　名古屋：☎052-769-1339
神　戸：☎078-937-0255　　広　島：☎082-222-8565　　福　岡：☎092-771-1651

書籍コード　54260-02　　　　　　　　　　　　　＊落丁・乱丁本はおとりかえいたします。

訂正情報配信サイト 54260-02
利用に際しては，一般に，通信料が発生します。

https://dg-w.jp/f/971fb

ISBN978-4-8040-5426-1　　　ホームページ　https://www.daiichi-g.co.jp/

ISBN978-4-8040-5426-1

C7030 ¥720E

978480405426

192703000720

月 日	月 日	月 日	月 日	月 日	月 日	月 日
p. ~	p. ~	p. ~	p. ~	p. ~	p. ~	p. ~
月 日	月 日	月 日	月 日	月 日	月 日	月 日
p. ~	p. ~	p. ~	p. ~	p. ~	p. ~	p. ~
月 日	月 日	月 日	月 日	月 日	月 日	月 日
p. ~	p. ~	p. ~	p. ~	p. ~	p. ~	p. ~
月 日	月 日	月 日	月 日	月 日	月 日	月 日
p. ~	p. ~	p. ~	p. ~	p. ~	p. ~	p. ~
月 日	月 日	月 日	月 日	月 日	月 日	月 日
p. ~	p. ~	p. ~	p. ~	p. ~	p. ~	p. ~

年	組	番
名前		

書籍コード　54260-02
税込価格792円（720円＋税）